Coaching für HR-Profis

Nina C. Kraft

Coaching für HR-Profis

Grundlagen, Praxisanleitungen und Fallbeispiele

Nina C. Kraft
Coaching & Consulting
Berlin, Deutschland

ISBN 978-3-662-69322-3   ISBN 978-3-662-69323-0 (eBook)
https://doi.org/10.1007/978-3-662-69323-0

Die Deutsche Nationalbibliothek verzeichnet diese Publikation in der Deutschen Nationalbibliografie; detaillierte bibliografische Daten sind im Internet über https://portal.dnb.de abrufbar.

© Der/die Herausgeber bzw. der/die Autor(en), exklusiv lizenziert an Springer-Verlag GmbH, DE, ein Teil von Springer Nature 2024

Das Werk einschließlich aller seiner Teile ist urheberrechtlich geschützt. Jede Verwertung, die nicht ausdrücklich vom Urheberrechtsgesetz zugelassen ist, bedarf der vorherigen Zustimmung des Verlags. Das gilt insbesondere für Vervielfältigungen, Bearbeitungen, Übersetzungen, Mikroverfilmungen und die Einspeicherung und Verarbeitung in elektronischen Systemen.
Die Wiedergabe von allgemein beschreibenden Bezeichnungen, Marken, Unternehmensnamen etc. in diesem Werk bedeutet nicht, dass diese frei durch jedermann benutzt werden dürfen. Die Berechtigung zur Benutzung unterliegt, auch ohne gesonderten Hinweis hierzu, den Regeln des Markenrechts. Die Rechte des jeweiligen Zeicheninhabers sind zu beachten.
Der Verlag, die Autoren und die Herausgeber gehen davon aus, dass die Angaben und Informationen in diesem Werk zum Zeitpunkt der Veröffentlichung vollständig und korrekt sind. Weder der Verlag noch die Autoren oder die Herausgeber übernehmen, ausdrücklich oder implizit, Gewähr für den Inhalt des Werkes, etwaige Fehler oder Äußerungen. Der Verlag bleibt im Hinblick auf geografische Zuordnungen und Gebietsbezeichnungen in veröffentlichten Karten und Institutionsadressen neutral.

Planung/Lektorat: Mareike Teichmann
Springer Gabler ist ein Imprint der eingetragenen Gesellschaft Springer-Verlag GmbH, DE und ist ein Teil von Springer Nature.
Die Anschrift der Gesellschaft ist: Heidelberger Platz 3, 14197 Berlin, Germany

Wenn Sie dieses Produkt entsorgen, geben Sie das Papier bitte zum Recycling.

Vorwort

Im November 2022 arbeitete ich als HR-Managerin bei einem ökologischen Projektentwickler und Investor und beendete meine nebenberufliche Ausbildung zur systemischen Business Coachin. Schnell wurde mir klar, dass sich HR und Coaching super kombinieren lassen und sich viel von dem, was ich gelernt habe, auch in meinen Arbeitsalltag integrieren lässt. Ich bemerkte nicht nur, dass sich Ansätze und Methoden integrieren lassen, sondern auch, dass sich das zwischenmenschliche Miteinander einfacher gestaltete und ich Mitarbeiterinnen noch besser unterstützen konnte; in Entwicklung, Entfaltung und Problemlösung. Im Austausch mit HR-Kolleginnen gab ich mein Wissen gerne weiter und erfreute mich an den positiven Resonanzen, die ich, aber auch sie bekamen. So kam ich auf die Idee, „die Hacks" in ein Buch zu packen. And here we go: Sie halten es in der Hand. Stolzer könnte ich nicht sein.

Warum lohnt es sich, dieses Buch zu lesen?
Arbeitnehmerin und Arbeitgeberin haben die Rollen getauscht. Das Verhältnis zwischen Arbeitnehmerin und Arbeitgeberin hat sich im Laufe der Zeit stark verändert. Früher war das Verhältnis oft hierarchisch und klar definiert: Die Arbeitgeberin stellte ein, gab Anweisungen und kontrollierte die Arbeitsbedingungen, während die Arbeitnehmerin die zugewiesenen Aufgaben erledigte. Heutzutage ist dieses Verhältnis komplexer geworden. Arbeitnehmerinnen erwarten mehr als nur eine Anstellung; sie suchen nach Personal Purpose in ihrer Arbeit, Flexibilität, Entwicklungsmöglichkeiten und eine gesunde Life-Balance.

Gleichzeitig hat sich die Rolle der Arbeitgeberin weiterentwickelt. Es geht nicht mehr nur darum, Arbeitsplätze anzubieten, sondern auch darum, eine attraktive Arbeitsumgebung zu schaffen, in der sich Arbeitnehmerinnen entfalten können. Die Unternehmen erkennen immer stärker die Bedeutung einer mitarbeiterinnenzentrierten Kultur und investieren in Werte wie Diversität, Inklusion und Mitarbeiterinnenentwicklung.

Mitten in diesem Transformationsprozess steht HR – HR das Bindeglied zwischen Arbeitgeberinnen und Arbeitnehmerinnen. Schon immer. Es ist von entscheidender

Bedeutung, dass HR-Professionals diese Veränderungen verstehen und sich darauf vorbereiten, indem sie sich mit aktuellen Trends in Arbeitskultur, Technologie und HR-Praktiken vertraut machen. Soweit klar, oder? Daher ist es essenziell, dass HR-Professionals stets neugierig bleiben, sich weiterbilden und sich für die Zukunft wappnen, um die Arbeitswelt von morgen mitzugestalten. Denn der Wandel startet immer in uns selbst, wir müssen uns dazu befähigen.

Dieses Buch unterstützt Sie dabei. Es macht Sie zwar nicht zu Coaches, aber es gibt Ihnen wertvolle Tools, Impulse und Hintergrundwissen für Ihren HR-Arbeitsalltag an die Hand. Wir schreiben ein neues Zeitalter im HR-Bereich und es ist an der Zeit, sein Wissen zu erweitern und sich nützliche Hacks zu eignen zu machen. Es ist mein Antrieb, HR-Verantwortlichen die Wichtigkeit der Employee-Life-Circle-Experience in allen Facetten zu verdeutlichen und Begeisterung für eine serviceorientierte HR-Arbeit hervorzurufen. Diese Zeilen sind ein Puzzlestück meiner ganz persönlichen Mission.

Als ich die Idee zu dem Buch hatte und mich an das Manuskript setzte, bemerkte ich recht schnell, dass ich mich mit mir selbst auf eine Schreibform, mit Blick auf das Gendern, einigen muss. Ich habe zu der Thematik viele Gespräche geführt und lange überlegt, wie ich es umsetze. Gender ich den kompletten Text durch, nutze ich das generische Maskulin oder doch das generische Femininum? Es ist mir wichtig, dass sich keine Person ausgeschlossen fühlt und der Inhalt klar transportiert wird. Um den Rat meines Kollegen Martin Lohmar zu zitieren „Die unkomplizierteste Form ist das, was den Inhalt am besten transportiert". Somit habe ich mich dazu entschlossen eine generische Form zu wählen. Dieses Buch ist im generischen Femininum geschrieben, weil es, laut Statistik mehr weiblich gelesene Leserinnen haben wird als männliche. Eine Ausnahme gibt es, da in meinen persönlichen Erfahrungen explizit auch Männer vorkommen, habe ich dort nicht das generische Femininum gewählt. Am Ende geht es um den Inhalt dieses Buches, der Sie hoffentlich abholt.

Und nun wünsche ich Ihnen viel Spaß beim Lesen, beim Selbstbefähigen, neuen Wissen aneignen, vorhandenem Wissen vertiefen und Umsetzen der Tools.

In den einzelnen Kapiteln werde ich mich mit verschiedenen Aspekten des Coachings, den Grundsätzen sowie verwandten und ineinandergreifenden Themen auseinandersetzen. Das erste Kapitel setzt sich mit der sich im Laufe der Zeit verändernden Rolle von HR-Professionals und den damit einhergehenden Erwartungen auseinander. Im darauffolgenden Kapitel werde ich die Bedeutung des Coachings in der Geschäftswelt beleuchten. Hierbei werde ich zunächst einen historischen Blick auf die Arbeitswelt werfen und die treibenden Kräfte hinter Arbeitsbeziehungen, insbesondere den Begriff „Purpose", erläutern. Darüber hinaus werde ich die Rolle des Coachings für die mentale Gesundheit der Mitarbeiterinnen untersuchen und einen persönlichen Erfahrungsbericht vorstellen, der die positiven Auswirkungen des Coachings verdeutlicht. Im dritten Kapitel werden die Grundsätze des Coachings behandelt und Möglichkeiten aufgezeigt, wie sie in die Welt des HR übertragen werden können. Das vierte Kapitel, das Herzstück dieser Arbeit, präsentiert verschiedene Tools aus dem Bereich des Coachings, die im beruflichen Alltag Anwendung finden können. Kap. 5 und 6 widmen sich den Themen Unconscious Bias und Körpersprache im Coaching und in der HR-Arbeit. Abschließend vertieft das siebte Kapitel das Coaching auf Führungsebene und untersucht, wie diese Ansätze die Zusammenarbeit positiv beeinflussen können.

Lassen Sie mich gerne wissen, welche Erfahrungen Sie machen! Darüber würde ich mich sehr freuen. Sie erreichen mich beispielsweise via LinkedIn.

Nina C. Kraft

Danksagung

Tausend Dank, Mareike Teichmann vom Springer Gabler Verlag. Ihr Engagement und Ihre wertschätzende Art im Lektorat sind bemerkenswert. Ihr wertvolles Feedback und die hilfreichen Impulse werden von mir äußerst geschätzt.

Ein herzliches Dankeschön möchte ich auch an Stefan Reuter und Ronda Pieper aussprechen. Ich bin zutiefst dankbar dafür, dass sie sich die Zeit genommen haben, mir wertvolles Feedback zu meinen Texten und Ideen zur inhaltlichen Gestaltung zu geben. Ein besonderer Dank gilt auch Andreas Brozat, der mir in unseren Gesprächen immer wieder neue Impulse und Anregungen gegeben hat.

Dank u wel, Linda Dittrich, für die wunderbare Visualisierung meiner wirren Angaben zum Eisberg.

Ein aufrichtiges Dankeschön geht an meinen Mann Mathias Kraft, der nicht nur als „Vor-Lektor" fungierte, sondern mir auch im täglichen Chaos des Elternseins den Rücken für dieses Projekt freigehalten hat.

Und natürlich ein riesiges Dankeschön an Birgit Reuter! Sie ist diejenige, die mir immer das Vertrauen gibt, dass ich alles schaffen kann, selbst das Schreiben eines Buches.

Inhaltsverzeichnis

1	**Die Rolle der HR-Verantwortlichen in modernen Unternehmen**	1
2	**Coaching – die Revolution in Unternehmen**	7
2.1	Die Bedeutung von Coaching in der Business-Welt	7
2.2	Eine Zeitreise durch die Arbeitswelt	10
2.3	Was Menschen in Arbeitsbeziehungen antreibt	13
	2.3.1 Purpose	15
	2.3.2 Wie unterstützt Coaching den Corporate und Personal Purpose?	17
2.4	Empathie in der täglichen Arbeit integrieren	18
2.5	Mentale Gesundheit und Coaching	21
2.6	Persönlicher Erfahrungsbericht	22
3	**Grundlagen des Coachings**	23
3.1	Einführung systemisches Coaching	23
3.2	Grundsätze	24
3.3	Prinzipien und Grundlagen	25
3.4	Übertragung der Grundlagen und Prinzipien in die HR-Arbeit	28
3.5	Prozess eines systemischen Business Coachings	30
3.6	Die Rolle der Coachin	31
3.7	Gefahren der toxischen Positivität im Coaching	32
3.8	Probleme und Herausforderungen	35
3.9	Wirklichkeitskonstruktion	35
	3.9.1 Wirklichkeitskonstruktion in zwischenmenschlichen Beziehungen	36
	3.9.2 Warum ist das wichtig, die Wirklichkeitskonstruktion im Coaching zu beachten?	36
	3.9.3 Warum ist die Berücksichtigung der Wirklichkeitskonstruktion im HR-Alltag hilfreich?	37

4	**Werkzeugkoffer**	39
4.1	Die Entscheidungsmünze	39
4.2	Das ABCDE-Modell	41
4.3	Die Metaphernarbeit	43
4.4	Die positiven Aspekte erkennen	47
4.5	Der Perspektivenwechsel	48
4.6	Die Ambivalenzarbeit	50
4.7	Das Eisbergmodell (nach Siegmund Freud)	52
4.8	Das Eisbergmodell (nach Siegmund Freud) im Perspektivenwechsel	54
4.9	Die Arbeit mit dem Kommunikationsquadrat nach Friedemann Schulz von Thun	56
4.10	Lösungsfokussiertes Denken nach Steve de Shazer und Insoo Kim Berg	58
4.11	Das 4-Schritte-Kommunikationsmodell nach Marshall B. Rosenberg	62
4.12	Die Eisenhower-Matrix	65
4.13	Aktives Zuhören	67
4.14	Konkrete Erwartungen kommunizieren	70
4.15	Aus „man" wird „ich" und aus „sollte" wird „werde"	71
4.16	S.M.A.R.T. ergänzt um E	73
4.17	SWOT-Analyse	75
4.18	Walt-Disney-Methode	79
4.19	Brainstorming (nach Alex Osborn)	81
4.20	Osborn-Checkliste	84
4.21	Nunchi	85
4.22	Manierismus	86
4.23	Induktives Denken	87
4.24	Primäre und sekundäre Qualitäten (nach John Locke)	89
4.25	Pareto-Prinzip	92
4.26	Win-Win	93
4.27	Und was noch?	96
4.28	Worüber machen Sie sich gerade besonders Gedanken?	98
4.29	Ist es ein neues oder ein altes Problem?	100
4.30	Was ist das Beste, das passieren könnte?	102
4.31	Fragen, Fragen, Fragen	104
4.32	Fragen zur mentalen Gesundheit	107
4.33	Und weiter fragen	109
4.34	Teamspezifische Coaching-Werkzeuge	113
	4.34.1 Erfolgsrad der Zusammenarbeit	114
	4.34.2 5 Dysfunktionen in einem Team	118

	4.34.3	Hunter oder Farmer?	120
	4.34.4	Stärken visualisieren	122
4.35		Impulse für den HR-Arbeitsalltag	122
	4.35.1	30/60 Regel	122
	4.35.2	Pomodoro-Technik	123
	4.35.3	Eat the frog first	123
	4.35.4	Erledigt!	124
	4.35.5	Tagebuch	124
	4.35.6	Focus Time	124
	4.35.7	Achtsamkeitsübungen	125
	4.35.8	People Hour	126
	4.35.9	Never lunch alone	126
	4.35.10	Peer Coachings	127
	4.35.11	Ich brauche noch kurz	127
	4.35.12	Effektive Meetings	128
	4.35.13	E-Mail-Management	128
	4.35.14	Delegation von Aufgaben	128
	4.35.15	Multitasking is not the key	128
	4.35.16	Bewerberinnenstuhl	128
	4.35.17	Automatisierung von Standardkommunikation	129
	4.35.18	Personalmanagement-Software	129

5 Unconscious Bias- was wir darüber wissen sollten 131
   5.1   Definition Unconscious Bias 131
   5.2   Übertragung der Erkenntnisse ins HR 133
   5.3   Persönlicher Erfahrungsbericht mit Unconscious Bias 135

6 Die Bedeutung von Körpersprache 137
   6.1   Einführung Körpersprache 137
   6.2   Bedeutung im Coaching 141
   6.3   Wie wir die Erkenntnisse im HR nutzen können 142
   6.4   Persönlicher Erfahrungsbericht 144

7 Coaching der Führungsebene 145
   7.1   Wie Coaching-Methoden die Zusammenarbeit mit Führungskräften positiv beeinflussen 145
   7.2   Was hat sich nach meiner Coaching-Ausbildung in der Zusammenarbeit verändert? 147

8 Tipps zur erfolgreichen Nutzung des Werkzeugkoffers 149

9 Schlusswort 151

Literatur 153

Über die Autorin

Nina C. Kraft engagiert sich dafür, HR-Verantwortlichen die Bedeutung einer serviceorientierten und menschenzentrierten HR-Arbeit näherzubringen. Mit ihrem Ansatz des HR C^2 – Coaching & Consulting und ihren Masterclasses bietet sie HR-Fachleuten unter anderem wertvolle Coaching-Tools für ihren beruflichen Alltag.

Durch ihre vielfältigen Erfahrungen in internationalen Brau- und Gastronomieunternehmen, bei einem ökologischen Projektentwickler und Investor sowie ihrer aktuellen Position in einem internationalen Veranstaltungsunternehmen verfügt sie über einen breiten Einblick in den Employee Life Cycle und hat aktiv an dessen Gestaltung mitgewirkt.

Nina C. Kraft strebt kontinuierlich nach persönlicher Weiterentwicklung und ist zertifizierte Coachin. Dadurch kann sie ihr praktisches Know-how stetig erweitern und ihr theoretisches Fachwissen auf dem neuesten Stand halten. Es erfüllt sie mit Freude, ihr Wissen durch Masterclasses und Beratungsleistungen an Unternehmen weiterzugeben.

Abbildungsverzeichnis

Abb. 2.1	Bedürfnispyramide nach Maslow, die bekannte Pyramide stellt eine Darstellung der Bedürfnishierarchie von Maslow dar	14
Abb. 3.1	Beispiel-System einer Klientin, stark vereinfacht	26
Abb. 4.1	Eisbergmodell Grafik: Linda Dittrich, Text: Nina C. Kraft	55
Abb. 4.2	Eisenhower-Matrix	65
Abb. 4.3	SWOT-Analyse	77
Abb. 4.4	Erfolgsrad der Zusammenarbeit	114

Die Rolle der HR-Verantwortlichen in modernen Unternehmen

Schauen wir uns die Bedeutung der Rolle von HR-Professionals in den letzten zwei Jahrzehnten an, erkennen wir eine beachtenswerte Wandlung. Früher wurden wir oft als die administrativen Hüterinnen von Regeln und Vorschriften angesehen, manchmal auch als notwendiges Übel. Doch inzwischen sind HR-Verantwortliche zu geschätzten Business Partnern aufgestiegen. Wir sind Partner auf Augenhöhe, wir sind HR.

Diesen Weg ist vor uns bereits die IT-Abteilung gegangen. Früher wurde die IT oft als reine Unterstützungsfunktion betrachtet, die sich hauptsächlich um die Wartung von Systemen und die Behebung von technischen Problemen kümmerte. Die bildlich gesprochen nur in den Serverräumen saß und man ihr lediglich bei akuten Problemen, wie kaputten Laptops auf den Fluren begegnete. Heute wird die IT jedoch zunehmend als strategische Geschäftspartnerin angesehen, die wesentlich zum Erfolg und zur Innovation des Unternehmens beiträgt.

Was einst als „Personalabteilung" oder später „Human Resources" bekannt war, hat sich in „Human Relations," „People & Organization" und andere Bezeichnungen verwandelt. Wir haben heute einen immer größeren Einfluss auf die Business-Welt und sind keine stille Verwaltungseinheit mehr; wir gestalten die Strategien und das Wohl unserer Organisationen mit.

HR-Professionals sind Strateginnen, Kulturarchitektinnen und Partnerinnen. Unsere Rolle nimmt eine immer tragendere Säule in der Arbeitswelt ein. Wir sind das Herzstück, das Bindeglied, der Klebstoff oder wie auch immer man es nennen will, aber am Ende das, was das Unternehmen zusammenhält.

Wir müssen unser Business verstehen, Fragen stellen, die Prozesse kennen. Als HR-Verantwortliche müssen wir tief in die holistische Unternehmenswelt tauchen.

© Der/die Autor(en), exklusiv lizenziert an Springer-Verlag GmbH, DE, ein Teil von Springer Nature 2024
N. C. Kraft, *Coaching für HR-Profis*, https://doi.org/10.1007/978-3-662-69323-0_1

Dabei begleiten die interne Digitalisierung, z. B. durch die Einführung von HR-Software und Systemen und gestalten dadurch unsere Arbeit sehr viel effizienter.

In unserer Entscheidungsfindung erweitern wir unseren Ansatz, indem wir nicht mehr ausschließlich auf rechtliche Grundlagen, Bauchgefühl und Erfahrung vertrauen, sondern auch datengesteuerte Methoden integrieren.

Unsere Verantwortung erstreckt sich über die zunehmend wichtiger werdende Employee Experience, in dem wir Maßnahmen ergreifen, um die Zufriedenheit, Motivation und Bindung unserer Mitarbeiterinnen zu steigern und zu messen.

Auch die Schnittstelle zum Marketing gewinnt spürbar an Relevanz, insbesondere im Bereich des Employer Branding. Die Identifizierung und Pflege einer starken Arbeitgebermarke ist zu einem wichtigen Aspekt unseres Arbeitsalltags geworden. Es liegt an uns, High Potentials anzuziehen und langfristig zu binden.

HR-Expertinnen spielen ferner eine Schlüsselrolle bei der Förderung von Vielfalt und Inklusion. Wir sind bei der Gestaltung einer vielfältigen und inklusiven Unternehmenskultur stark involviert und stehen als Vertrauenspersonen, Ansprechpartnerinnen und Multiplikatorinnen allzeit bereit.

Neben der empathischen Betreuung der Mitarbeiterinnen gewinnt die Fähigkeit, organisatorische Veränderungen effektiv zu managen an entscheidender Bedeutung. Unternehmen müssen zunehmend agiler und anpassungsfähiger sein, um sich (besser) für die Zukunft zu wappnen.

Mit der Internationalisierung der Wirtschaft haben sich auch zahlreiche deutsche Unternehmen eine globale Position aufgebaut. Dies hat zu einer verstärkten Nachfrage nach HR-Professionals geführt, die in der Lage sind, auch internationale Personalstrategien zu entwickeln und umzusetzen und diese sollen zusätzlich die Fähigkeit haben, sich interkulturelle Kompetenzen anzueignen.

Zeitweise agieren wir auch als Krisenmanagerinnen. Zuletzt zeigte das die weltweite Corona-Pandemie (2020–2022). Während jener Zeit wurde die HR-Rolle unter anderem in den Köpfen der ersten Führungsebene gestärkt. Immer mehr Unternehmen entschließen sich dazu, das C-Level um einen CHRO zu erweitern. Es ist auch eine Reaktion darauf, dass Unternehmen auf die Volatilität der Arbeitswelt und des Marktumfeldes reagieren müssen.

Die vorangegangenen Absätze zeigen auf, dass wir immer stärker in strategische Unternehmensentscheidungen einbezogen werden und einen immensen Wandel durchlaufen haben.

An diesem Punkt können wir uns ruhig selbst auf die Schulter klopfen: wir sind wahre Transformer in der VUCA-Welt!

Wir sind weiter auf einem spannenden Weg, um die HR-Rolle in unseren Unternehmen als das zu etablieren, was sie wirklich ist: anspruchs- und dabei äußerst wertvoll. Früher (und auch manchmal noch heute) wurde HR oft als ein Bereich betrachtet, den man mal so nebenbei erledigen konnte. Zum Glück ändert sich die Einstellung Jahr für Jahr merklich, und zwar sowohl auf Ebene des C-Levels als auch in der Mitte von Organisationen.

Die Arbeitnehmerinnen bewegen sich weg von der Vorstellung, dass ein Termin mit HR negative Folgen mit sich bringt, hin zu einem positiven Verständnis dessen, was HR für sie tun kann. HR ist mehr als nur Papierkram und starren Regelungen – wird sind der Motor, der die Mitarbeiterinnenbindung, das Wohlbefinden und das Wachstum im Unternehmen antreibt.

Als HR-Professionals ist es unsere Aufgabe, derartige Wahrnehmungen weiter zu fördern und unsere Kolleginnen zu ermutigen, die breite Palette von Fähigkeiten und Verantwortlichkeiten zu erkennen, die in unserer Rolle enthalten sind.

Während meinen Gesprächen und Austauschen in sozialen Medien, auf Netzwerk-Events mit HR-Kolleginnen oder auch im privaten Rahmen fällt mir immer wieder auf, dass ein neues Denkmuster in unserer HR-Welt Einzug gehalten hat. Wir betrachten unsere Rolle mittlerweile aus einer anderen Perspektive. Statt uns nur als die stillen Aufsichtspersonen im Hintergrund zu sehen, die in einem abgeschlossenen Büro Regelwerke verwalten, begreifen wir uns als Serviceeinheit für unser Unternehmen und als zugwandte Ansprechpartnerinnen und in gewisser Weise auch Dienstleisterinnen für unsere Teammitglieder.

Wir haben nicht nur Kenntnisse über Personalangelegenheiten, sondern auch ein tiefgehendes Verständnis für die Ziele und die Strategie des Unternehmens. Im Umkehrschluss bedeutet das aber auch, dass wir sicherstellen müssen, unsere HR-Maßnahmen nahtlos in die Gesamtstrategie des Unternehmens zu integrieren, und somit, die gesetzten Ziele zu erreichen und unseren Beitrag zum Unternehmenserfolg leisten.

Mit dem neuen Mindset sind wir besser ausgerüstet, um als strategische Partnerinnen unseres Unternehmens zu agieren und zur Erreichung des unternehmerischen Erfolgs beizutragen. So gestalten wir aktiv die Zukunft unseres Unternehmens mit. Ziemlich cool, oder?

Und um der Aufgabe, in unserem aufregenden HR-Kosmos, gerecht zu werden, sollten wir einige nützliche Fähigkeiten im Repertoire haben, um unsere Rolle optimal auszufüllen. Doch hey, niemand von uns ist perfekt – und das ist auch in Ordnung!

Beginnen wir mit **Empathie,** einem echten All-Star-Skill. Sie ist nicht nur ein soziales Schmankerl, sondern wie ich finde, auch ein strategischer Trumpf, der die Unternehmenskultur und das Arbeitsklima merklich beeinflusst. Empathie befähigt uns, die Bedürfnisse, Anliegen, Erwartungen und Hintergründe der Teammitglieder zu dechiffrieren. Agieren wir empathisch, ergibt sich daraus eine engagierte Belegschaft, die sich nicht nur gesehen, sondern auch wertgeschätzt fühlt. Sie ermöglicht nicht nur eine effektivere Zusammenarbeit, sondern trägt auch zur Regulation eigener Emotionen bei, was zu einem gesünderen Arbeitsumfeld führt. In Zeiten von Schwierigkeiten und Herausforderungen ist Empathie ein Schlüssel zur Unterstützung und Hilfe für andere, und sie trägt dazu bei, Konflikte zu reduzieren. Und nicht zu vergessen: Eine inklusive Unternehmenskultur wird dadurch zusätzlich gefördert.

Schon ziemlich gut, aber das ist noch nicht alles – Empathie ist ein echter Booster für unsere Unternehmensreputation. Wir ziehen nicht nur High Potentials an, sondern ein empathischer Umgang kann auch diejenigen beeinflussen, die eine arbeitnehmerfreundliche Unternehmenskultur schätzen, wie Kundinnen und Geschäftspartnerinnen. Hätten Sie gedacht, dass Empathie der Schlüssel zu so vielen Türen ist?

Lassen Sie uns über einen weiteren essenziellen Skill sprechen: **Konfliktlösung.**

In der Business-Welt prallen Interessen und Persönlichkeiten aufeinander und Konflikte sind unvermeidliche Nebenschauplätze im Berufsleben. An dieser Stelle kommen wir ins Spiel, denn HR-Professionals sollten Konflikte erkennen und sie auf eine Weise managen, die für alle Beteiligten zufriedenstellend ist. Wir sind sozusagen die diplomatischen Botschafterinnen im Unternehmen, die zwischen den Parteien vermitteln, harmonisieren und die Wogen glätten.

Dabei müssen wir allerdings auch klar und verständlich kommunizieren. Wir sind die Dolmetscherinnen, die die Konflikte in klare, verständliche und umsetzbare Lösungen übersetzen können. So sorgen wir dafür, dass alle Beteiligten zufrieden und mit einem klaren Fahrplan aus einem Konflikt herausgehen und sich der Fokus vom Nebenschauplatz wieder zurück auf die Hauptbühne legt.

Die Fähigkeit, Daten und Analysen für fundierte HR-Entscheidungen zu nutzen, wird zunehmend zu einer wesentlichen Kompetenz. Zusätzlich nimmt künstliche Intelligenz (AI, KI) immer weiter Einzug in unserer HR-Welt. Als HR-Professionals müssen wir lernen, die Zahlen zu entziffern, sinnvolle Tools einzuführen und neue Trends zu eruieren. In der heutigen Unternehmenswelt sind HR-Software und -Systeme unverzichtbar, um unsere Prozesse effizient zu gestalten und Daten effektiv zu verwalten. Solche Tools kristallisieren sich zu unseren treuen Begleiterinnen heraus, die uns dabei unterstützen, unsere Aufgaben reibungslos zu erledigen und unsere Daten klug zu verwalten. Daraus ergibt sich, dass wir nicht nur einfühlsam und strategisch sein sollten, sondern situationsgerecht auch datengetrieben handeln müssen, um die besten Ergebnisse für unser Unternehmen zu erzielen.

Organisationsgeschick ist ein weiterer wichtiger Baustein. Wir jonglieren mit einer Vielzahl von Aufgaben, teilweise delikatem Wissen und behalten stets den Überblick, um den reibungslosen Ablauf unserer komplexen HR-Prozesse und Programme zu gewährleisten. Dieser Baustein erfordert eine strukturierte Herangehensweise und die Fähigkeit, viele Bälle gleichzeitig in der Luft zu halten.

In der sich rasant wandelnden Arbeitswelt sind wir die Baumeisterinnen des Fortschritts, die mit präzisen Plänen und kreativer Vision die Struktur und Gestalt organisatorischer Landschaften mitformen. Wie Architektinnen entwerfen wir Strategien und Programme, die eine solide Grundlage schaffen und Organisationen dabei helfen, erfolgreich durch die aufregenden, aber manchmal herausfordernden Leistungsphasen eines Bauprojekts steuern.

Es ist von entscheidender Bedeutung, dass HR-Verantwortliche organisatorische Veränderungen geschickt mitplanen und bei der Steuerung unterstützen und eingebunden werden. Unser Ziel sollte es sein, sicherzustellen, dass Mitarbeiterinnen dazu befähigt werden, eventuelle Veränderungen (extern und intern) erfolgreich zu bewältigen und gestärkt daraus hervorzugehen.

Puh! Und da stehen wir nun vor diesem riesigen Berg an Verantwortlichkeiten und nützlichen Fähigkeiten, die wir so mitbringen sollten, und denken: „Wow, das ist eine ganze Menge!" Und ja, das ist es wirklich. Unsere Rolle ist auf so vielen Ebenen von Bedeutung. Wir sind die Vertrauensperson für unsere Arbeitnehmerinnen, die Sparringspartnerinnen für die Führungskräfte und die strategischen Beraterinnen für die Geschäftsführung. In solch einem „Ringkampf" brauchen wir die passenden Techniken, oder?

Wie gehen wir also damit um? Wie jonglieren wir gekonnt zwischen den verschiedenen Ebenen? Welche Tricks und Kniffe gibt es, um die Zusammenarbeit mit allen drei Interessengruppen zu erleichtern? Nun, das sind die Themen, die in diesem Buch behandelt werden. Ich möchte Ihnen einen Werkzeugkoffer mit wertvollen Tools an die Hand geben, die Ihren Arbeitsalltag erleichtern.

Exkurs: VUCA
VUCA steht für Volatility (Volatilität), Uncertainty (Unsicherheit), Complexity (Komplexität) und Ambiguity (Mehrdeutigkeit). Der Begriff VUCA wird oft von Führungskräften und Organisationen verwendet, um ihre Anpassungsfähigkeit und Fähigkeit zur Bewältigung von Herausforderungen in einer sich ständig verändernden Umgebung zu betonen. Die Begrifflichkeit stammt ursprünglich aus dem militärischen Kontext, hat jedoch in den letzten Jahren in der Wirtschafts- und Führungsdebatte an Bedeutung gewonnen. VUCA bildet die Grundlage für die Gestaltung von Strategien und Methoden, um in erfolgreich in Märkten zu agieren, die von Unsicherheit und Komplexität geprägt sind.
Erklärung jedes Elements von VUCA:

1. *Volatility (Volatilität): Beschreibt die Schwankungen und Unbeständigkeiten in einer Umgebung. Unternehmen müssen mit schnellen Veränderungen und plötzlichen Entwicklungen umgehen können.*
2. *Uncertainty (Unsicherheit): Steht für die mangelnde Vorhersagbarkeit und Klarheit über zukünftige Ereignisse. Entscheidungen müssen oft in einer unsicheren Umgebung getroffen werden.*
3. *Complexity (Komplexität): Verweist auf die Vielfalt von Faktoren, die in einer Situation interagieren können, was die Analyse und Lösung von Problemen erschwert. Unternehmen müssen mit komplexen Beziehungen und dynamischen Systemen umgehen.*
4. *Ambiguity (Mehrdeutigkeit): Beschreibt die Unklarheit über die Bedeutung von Ereignissen oder Informationen. In einer vagen Umgebung müssen Entscheidungsträger mit mehrdeutigen Situationen umgehen können.*

Coaching – die Revolution in Unternehmen 2

2.1 Die Bedeutung von Coaching in der Business-Welt

Bevor wir anfangen, Ihren Werkzeugkoffer zu füllen, möchte ich noch der Sache auf den Grund gehen, warum Coaching der neue Star am Business- Firmament ist. In der heutigen Arbeits- und Unternehmenswelt hat sich Coaching zu einem entscheidenden Instrument entwickelt, das den Erfolg von Menschen und Organisationen maßgeblich beeinflusst. Coaching ist nicht mehr ausschließlich auf die Führungsebene beschränkt; es hat glücklicherweise Einzug auf allen Ebenen gehalten.

In der heutigen Business-Welt finden wir uns wieder in einem ständigen Wandel von Anforderungen, täglich aufkommenden technologischen Innovationen und einer erhöhten globalen Vernetzung. Arbeitnehmerinnen sehen sich mit einer Vielzahl von Herausforderungen konfrontiert, darunter volatile Märkte, steigende Konkurrenz und die Notwendigkeit, agil auf Veränderungen zu reagieren. In solch einem dynamischen Umfeld ist es für Organisationen entscheidend, Teammitglieder an Board zu haben, die sich kontinuierlich weiterentwickeln und anpassungsfähig sind.

In der Studie „Does Coaching work?" von Theeboom (Tim Theboom, 2013)[1] wurde die höchste Effektstärke im Bereich der Zielerreichung festgestellt. An den nachfolgenden Stellen sind Leistungsfähigkeit, Arbeitseinstellung, Wohlbefinden und die Entwicklung von Strategien zur Problembewältigung aufgelistet. Diese Ergebnisse belegen, dass Unternehmen, die Coaching einsetzen, besser in der Lage sind, sich an Veränderungen anzupassen und diese positiv zu gestalten. Darüber hinaus konnten Organisationen, die Coaching implementiert haben, eine Verbesserung der Mitarbeiterinnenleistung feststellen. Diese

---

[1] Theeboom, Tim (2013), Does coaching work?

Erkenntnisse unterstreichen den konkreten Nutzen von Coaching im Unternehmenskontext und zeigen auf, wie es zur Steigerung der langfristigen Wettbewerbsfähigkeit und des Erfolgs eines Unternehmens beitragen kann.

Wir wissen, dass effektive Kommunikation und die Fähigkeit zur Konfliktlösung in der modernen Arbeitswelt stets gefragt sind. Auch hier unterstützt Coaching dabei, die Kommunikationsfähigkeiten der Arbeitnehmerinnen zu optimieren, was zu einer reibungsloseren Zusammenarbeit, besseren Teamleistung und positiv wahrgenommenen Unternehmenskultur führen kann.

Außerdem verbessert Coaching einen konstruktiven Umgang mit Konflikten. Denken Sie immer daran: „Konflikte sind von Emotionen geprägt." Bis etwa Ende des 20. Jahrhunderts ging man in der Verhaltenstheorie davon aus, dass das Resultat der Gedanken die Emotion ist. Heute wissen wir, dass Emotionen und Gedanken zwei unterschiedliche Signalbahnen sind. Oft liegen Konflikten subjektive Deutungen, die mit eben diesen Emotionen und Gedanken einhergehen, zugrunde. Die subjektive Deutung ist, wie jeder Mensch Dinge anders sieht und fühlt. Das hängt mit unseren Gedanken (Kognition) und Gefühlen (Emotionen) zusammen. Manchmal verstehen zwei Personen dasselbe Ereignis unterschiedlich, was wiederum zu Konflikten führen kann. Coaching unterstützt dabei, den Blickwinkel des Gegenübers zu erkennen und zu verstehen. Das nennt man Perspektivenwechsel. Durch das Verstehen der unterschiedlichen Sichtweisen können Konflikte besser gelöst werden. So kann Coaching dazu beitragen, dass Menschen besser miteinander auskommen und Konflikte schneller und konstruktiver gelöst werden.

In Zeiten von Krisen, die nicht zwingend privaten Ursprungs sein müssen, beispielsweise Finanzkrisen, einer Pandemie oder einer Naturkatastrophe, kann Coaching ebenfalls als wertvolles Instrument eingesetzt werden, um Mitarbeiterinnen bei der Bewältigung von Unsicherheiten und Druck zu unterstützen. Je nach Coaching-Schwerpunkt kann es Resilienz fördern oder ein Gefühl von „vorbereitet sein" schaffen und den Menschen gestärkt aus schwierigen Situationen hervorgehen lassen.

Erfahrungsgemäß bildet das Herzstück für die Verwirklichung nachhaltiger Unternehmensziele und den Aufbau anhaltender Erfolgsgeschichten ein kompetentes und motiviertes Team. Durch die Entwicklung von Talenten schafft Coaching die Basis für Innovation und Wachstum, die auf lange Sicht den entscheidenden Unterschied in der Wettbewerbsfähigkeit eines Unternehmens ausmachen können.

Ein fortwährender Unternehmenserfolg steht auch in direkter Abhängigkeit von Talententwicklung und Mitarbeiterinnenmotivation. Motivierte Arbeitnehmerinnen sind bereit, ihr bestes zu geben, was sich in einer nachhaltigen Unternehmensleistung und einer positiven Unternehmenskultur widerspiegelt. Eine positive Unternehmenskultur stärkt wiederum die Mitarbeiterinnenentwicklung und -bindung, weil sie ein motivierendes Umfeld schafft, in dem Teammitglieder sich wertgeschätzt fühlen und ihre Potenziale entfalten können. Coaching unterstützt hier, indem es Arbeitnehmerinnen die Möglichkeit bietet, ihre individuelle Entwicklung gezielt voranzutreiben. Es hilft dabei, persönliche Stärken und Entwicklungspotenziale zu erkennen und sich klare berufliche Ziele zu setzen.

Das untermauert auch die Studie „Coaching für Führungskräfte" der Quadriga Hochschule (Quadriga Hochschule, 2021), in der 71 % der Befragten Personalerinnen angaben, dass Coaching oft bis immer als positive Entwicklungsmethode bewertet wird.[2]

Ein regelmäßiges Coaching zahlt zudem auch auf die Motivation und die Produktivität ein. Kontinuierlich gecoachte Arbeitnehmerinnen fühlen sich besser gewappnet, um die täglichen Herausforderungen am Arbeitsplatz zu meistern. So unterstützt Coaching auch eine nachhaltige Steigerung der Zufriedenheit und Leistung.

Ein weiterer wichtiger Bestandteil in der Mitarbeiterinnenbindung ist eine gute Life-Balance. Auch wenn immer mehr Unternehmen auf eine ausgewogene Balance für ihre Teammitglieder achten, so wissen wir auch, dass Stress bei allen ein alltäglicher Begleiter ist und sich auf verschiedene Arten manifestieren kann. Die Auswirkungen von chronischem Stress auf die körperliche und geistige Gesundheit sind vielfältig und können schwerwiegend sein. Die Ausfälle häufen sich und das hat auch Auswirkungen auf unseren HR-Bereich. Coaching kann Arbeitnehmerinnen helfen, Stress effektiver zu bewältigen und eine gesunde Life-Balance zu erreichen. Genanntes hat nicht nur Vorteile für das Teammitglied, sondern auch für das Unternehmen, denn mit Prävention kann man Ausfällen auf verschiedenen Ebenen entgegenwirken.

Exkurs: Life-Balance und Work-Life-Integration
Warum spreche ich von Life-Balance? Ich lege bewusst den Fokus auf das gesamte Leben und beschränke ihn nicht auf die Arbeit. Der Begriff „Life-Balance" unterstreicht die Idee, dass das Gleichgewicht zwischen verschiedenen Lebensbereichen wichtig ist, nicht nur zwischen Arbeit und persönlichem Leben. Es signalisiert eine holistischere Herangehensweise an das Wohlbefinden, die auch andere Aspekte wie Freizeit, Familie, Gesundheit und persönliche Interessen berücksichtigt. Es betont, dass die Balance in allen Lebensbereichen entscheidend ist, um ein erfülltes und zufriedenes Leben zu führen.

Ein weiterer Begriff in diesem Zusammenhang ist die Work-Life-Integration. Ein Konzept, was ich selbst lebe. Work-Life-Integration bezieht sich auf den Ansatz, Arbeit und persönliches Leben so miteinander zu verbinden, dass sie in einem ausgewogenen und harmonischen Verhältnis zueinanderstehen. Im Gegensatz zur traditionellen Auffassung von Work-Life-Balance, die oft darauf abzielt, Arbeit und persönliches Leben streng voneinander zu trennen, betont die Work-Life-Integration die Idee, dass Arbeit und Leben ineinanderfließen.

Ein integrierter Ansatz bedeutet, dass berufliche und persönliche Verpflichtungen nicht zwangsläufig in Konflikt stehen müssen. Menschen, die Work-Life-Integration praktizieren, streben danach, flexiblere Arbeitsmodelle zu nutzen, die es ihnen ermöglichen, ihre Arbeit besser an ihre persönlichen Bedürfnisse und Verpflichtungen anzupassen. Beispielsweise kann das bedeuten, dass sie Remote-Arbeit nutzen, flexible Arbeitszeiten haben oder andere Maßnahmen ergreifen, um Arbeit und persönliches Leben besser miteinander in Einklang zu bringen.

Die Work-Life-Integration zielt darauf ab, eine gesunde Balance zu schaffen, bei der berufliche und persönliche Aspekte aufeinander abgestimmt sind, um Stress zu reduzieren, die Lebensqualität zu verbessern und die individuelle Produktivität zu steigern. Es geht nicht nur darum, Arbeit und Leben zu jonglieren, sondern darum, eine holistischere Sichtweise auf das tägliche Leben zu entwickeln, bei der Arbeit und persönliche Interessen miteinander verschmelzen können.

---

[2] Quadriga Hochschule (2021), Coaching für Führungskräfte, Wirksamkeit und Verbreitung im Unternehmen.

Moderne und wertschätzende Führung kristallisiert sich immer mehr als notwendige Komponente heraus für die strategische Ausrichtung, den beständigen Erfolg einer Organisation und natürlich auch der Mitarbeiterinnenbindung und -entwicklung. Coaching spielt darum in vielen Unternehmen eine zentrale Rolle bei der Entwicklung von Führungskompetenzen. Es unterstützt Führungskräfte dabei, ihre Führungsqualitäten zu verbessern, Teams effektiver zu leiten und ein inspirierendes Arbeitsumfeld zu schaffen. Eine Umfrage von The Conference Board im Jahr 2021 (The Conference Board, 2021)[3] zeigt, dass Unternehmen, die in die Entwicklung ihrer Führungskräfte durch Coaching investieren, eine höhere Wahrscheinlichkeit haben, Top-Talente zu gewinnen und zu binden.

Ich möchte mit einer Schlussfolgerung von Hansjörg Künzli zum Thema Wirksamkeit von Coaching diesen Abschnitt beenden: „Coaching wirkt, und die Wirkungen sind teilweise beträchtlich! Menschen fühlen sich emotional entlastet, sie bauen Stress ab, entwickeln neue Sichtweisen, erhöhen ihre Reflexionsfähigkeit und ihre Führungskompetenzen, sie verändern ihr Beziehungsverhalten, handeln und kommunizieren effektiver und verhelfen ihren Organisationen zu mehr Ertrag. Es hilft ihnen, ihre Ziele zu erreichen, Konflikte anders zu lösen, sie würden es weiterempfehlen, der Nutzen daraus ist nachhaltig, und sie sind zufrieden damit. Auch mittelbar Betroffene wie Mitarbeitende, Vorgesetzte und Personalverantwortliche schätzen den Nutzen von Coaching generell hoch ein." (Hansjörg Künzli, 2009, S. 240).[4]

Klingt vielversprechend, oder?

2.2 Eine Zeitreise durch die Arbeitswelt

Ich möchte nochmal gemeinsam mit Ihnen einen Blick auf den Titel dieses Kapitels werfen, welches ich sehr selbstbewusst als „Coaching – die Revolution im Unternehmen" benannt habe. Doch wie genau revolutioniert Coaching denn nun die neue Arbeitswelt?

Vor 20 Jahren sah die Arbeitswelt in Organisationen oft ganz anders aus. Lassen Sie uns auf eine kleine Zeitreise gehen und schauen, wie sich die Dynamik und Schlüsselthemen im Laufe der Zeit verändert haben:

Vor ca. 20 Jahren (in den frühen 2000ern)

- *Hierarchie und Kontrolle:* Organisationen waren häufig hierarchischer strukturiert, und die Führungskräfte legten oft großen Wert auf Kontrolle und Befehlsgewalt. Die Unternehmenskultur betonte Stabilität und vorhersagbare Abläufe.

---

[3] The Conference Board (2021). Global Executive Coaching Survey 2021.
[4] Künzli, H. (2009), Wirksamkeitsforschung im Führungskräfte-Coaching.

2.2 Eine Zeitreise durch die Arbeitswelt

- *Fachwissen und Routine:* Die Arbeitswelt legte den Fokus auf Fachwissen und die Einhaltung etablierter Prozesse. Eingefahrene Routinen und Standardverfahren waren weit verbreitet und wurden selten hinterfragt („Das haben wir immer so gemacht!").
- *Mangel an Fokus auf individuelle Entwicklung:* Die individuelle Entwicklung der Teammitglieder wurde in vielen Organisationen nicht in den Fokus genommen. Es ging in erster Linie um die Erfüllung von Aufgaben und das Erreichen von Zielen.
- *Geringere Agilität:* Organisationen waren weniger agil und reaktionsschnell auf Veränderungen in der Unternehmenswelt. Oft waren sie von langwierigen und bürokratischen Prozessen geprägt.

Doch warum war das so? Die Arbeitsmarktsituation im deutschsprachigen Raum in den frühen 2000er Jahren, insbesondere zu Beginn des neuen Jahrtausends, war von verschiedenen Herausforderungen und Unsicherheiten geprägt. Dieses Jahrzehnt war gezeichnet von einem Übergang vom 20. ins 21. Jahrhundert, begleitet von technologischen Entwicklungen, geopolitischen Veränderungen und wirtschaftlichen Herausforderungen.

Gerade zu Beginn der 2000er Jahre war die Unsicherheit in der Bevölkerung spürbar, nicht zuletzt aufgrund des Übergangs in das neue Millennium und der Sorge um mögliche Auswirkungen auf die Weltwirtschaft. Zu dieser Zeit spiegelte der Arbeitsmarkt die Unsicherheit wider, was sich unter anderem in den Arbeitslosenzahlen bestätigte. In den ersten Jahren des neuen Jahrtausends waren die Arbeitslosenzahlen in Deutschland, Österreich und der Schweiz tendenziell höher als in den Jahren zuvor.

Die wirtschaftliche Unsicherheit führte dazu, dass viele Menschen nach Sicherheit in der Arbeit suchten. Traditionelle und etablierte Berufe galten als besonders attraktiv, da sie als stabiler und zuverlässiger wahrgenommen wurden. Branchen wie das produzierende Gewerbe, das Bankwesen und der öffentliche Dienst erlebten eine verstärkte Nachfrage nach Arbeitsplätzen.

Sicherheit und Beständigkeit bevorzugten viele Arbeitnehmerinnen während der Zeit in ihren Arbeitsverhältnissen. Jobwechsel galten als risikoreich, da die wirtschaftliche Lage als gefährdet wahrgenommen wurde. Langwierige Bindung an einen Arbeitgeber wurde als Garant für Kontinuität und Stabilität angesehen.

Der Drang nach Sicherheit spiegelte sich natürlich auch in den Karriereentscheidungen wider. Viele Berufstätigen setzten auf traditionelle Berufswege und bewährte Karrieremodelle. Zwar waren die Digitalisierung und der technologische Wandel bereits im Gange, aber noch nicht in dem Maße, wie sie es in den späteren Jahren des Jahrzehnts sein sollten. Berufe im Bereich der Informationstechnologie und anderen aufstrebenden Branchen erfuhren deshalb zunächst weniger Beachtung.

Zusammenfassend kann man festhalten, dass Unsicherheit und die Suche nach Stabilität den Arbeitsmarkt im DACH-Raum in den frühen 2000er Jahren prägten. Die Menschen tendierten dazu, sich an etablierte Arbeitsmuster zu klammern und Sicherheit in traditionellen Berufsfeldern zu suchen. Allerdings sollte sich diese Tendenz im Laufe des Jahrzehnts mit dem Fortschreiten der Digitalisierung und dem Wandel der Arbeitswelt jedoch allmählich verändern.

Heute (etwa im Jahr 2024)

- *Flache Hierarchien und Teamarbeit:* Organisationen streben heutzutage vermehrt flachere Hierarchien an und betonen die Bedeutung von Teamarbeit und kollaborativem bzw. kollegialen Führungsstil. Die Unternehmenskultur legt spürbar mehr Wert auf Flexibilität und Anpassungsfähigkeit.
- *Förderung von Innovation und Kreativität:* In der modernen Arbeitswelt wird Innovation und kreatives Denken meistens hochgeschätzt. Organisationen suchen nach neuen Wegen, um sich von der Konkurrenz abzuheben, auch und gerade wegen des War for Talents.
- *Stärkung der individuellen Entwicklung:* Coaching hat sich beispielsweise zu einem zentralen Element in der Mitarbeiterinnenentwicklung etabliert. Organisationen erkennen die Bedeutung der individuellen Entwicklung für den Unternehmenserfolg und setzen auch verstärkt auf Coaching-Programme.
- *Schnelle Anpassung an Veränderungen:* Die heutigen Organisationen sind agiler und besser in der Lage, sich schnell an Veränderungen in der Unternehmenswelt anzupassen. Die Geschwindigkeit und Effizienz bei der Umsetzung von Veränderungen sind entscheidend.

Warum ist das so? Der gegenwärtige Arbeitsmarkt in der DACH-Region hat sich markant gewandelt und wird als Arbeitnehmerinnenmarkt bezeichnet. Im Gegensatz zu vergangenen Jahrzehnten haben sich die Kräfte nun zugunsten der Arbeitnehmerinnen verschoben.

Ein zentraler Aspekt dieser Verschiebung ist der Fachkräfteengpass bis hin zum Fachkräftemangel, der besonders in Branchen wie der Informationstechnologie und dem Ingenieurwesen spürbar ist. Aufgrund dieses Mangels an qualifizierten Arbeitskräften können sich Arbeitnehmerinnen gegenwärtig aus einem breiten Angebot an Stellenangeboten ihre bevorzugten Positionen aussuchen. Aber auch in vielen anderen Branchen herrscht ein Fachkräfteengpass, der es den Unternehmen und damit auch uns im Bereich HR nicht einfach macht, die geeigneten Kandidatinnen zu finden.

Flexibilität spielt eine entscheidende Rolle in diesem Paradigmenwechsel. Gerade durch die Digitalisierung können Mitarbeiterinnen flexiblere Arbeitsbedingungen fordern und erwarten sie auch zunehmend. Homeoffice, Mobiles Arbeiten und andere flexible Arbeitsmodelle sind weit verbreitet und werden von den Arbeitnehmerinnen verstärkt eingefordert. Klarer Treiber war hier auch die Corona-Pandemie.

Mittlerweile werden in die Entscheidung über die Wahl der Arbeitgeberin auch die Unternehmenskultur und -werte einbezogen. Mitarbeiterinnen ist ein positives Arbeitsumfeld, Life-Balance und der Corporate und Personal Purpose immer wichtiger. Unternehmen, die dieses Wissen den Mittelpunkt ihrer Unternehmensstrategie stellen, sind im Konkurrenzkampf um Talente erfolgreicher.

Eins ist uns, denke ich, allen klar: In diesem Arbeitnehmerinnenmarkt müssen sich Unternehmen anpassen, um wirtschaftlich erfolgreich und dauerhaft bestehen zu bleiben. Traditionelle Hierarchien und unflexible Arbeitsmodelle werden durch agile Strukturen und innovative Konzepte ersetzt. Investitionen in die Weiterbildung der Mitarbeiterinnen sind unabdingbar, um mit den sich rasch ändernden Anforderungen der Arbeitswelt Schritt zu halten.

Summa Summarum lässt sich festhalten, dass der momentane Arbeitsmarkt im DACH-Raum von einem Arbeitnehmerinnenmarkt geprägt ist. Arbeitnehmerinnen haben mannigfaltige Auswahlmöglichkeiten und können ihre beruflichen Bedürfnisse und Wünsche stärker durchsetzen. Unternehmen hingegen stehen vor der Herausforderung, sich den neuen Gegebenheiten anzupassen, um wirtschaftlich konkurrenzfähig zu bleiben und die besten Talente für sich zu gewinnen.

Unsere kleine Zeitreise verdeutlicht, dass sich die Unternehmenskultur in den letzten zwei Jahrzehnten merklich weiterentwickelt hat. Früher ging es stark um Hierarchie und Kontrolle, heute stehen Flexibilität, kollegiale Zusammenarbeit und Kreativität im Fokus.

Abschließend möchte ich festhalten, dass Coaching die moderne Arbeitswelt revolutioniert und Unternehmen bei der Anpassung an den Arbeitnehmerinnenmarkt unterstützt, indem es die persönliche und berufliche Entwicklung fördert, Führungskompetenzen verbessert, die Kommunikation stärkt, die Anpassungsfähigkeit erhöht und das Wohlbefinden der Mitarbeiterinnen fördert. Es hilft den Organisationen dabei, mit den sich ständig ändernden Anforderungen der Business-Welt mitzuhalten und den Fokus zu verschieben. Coaching ist für mich persönlich ein unverzichtbares Werkzeug für den Erfolg in dieser dynamischen Umgebung.

2.3 Was Menschen in Arbeitsbeziehungen antreibt

Schaut man sich die neue Arbeitnehmerinnen-Arbeitgeberinnen-Beziehung an, erkennt man schnell, dass aus Unternehmenssicht die Mitarbeiterinnen ihre Aufgaben erfüllen sollen, um die Ziele der Organisation zu erreichen. Gleichzeitig sollen ihre persönlichen Ziele zumindest teilweise unterstützt werden, damit sie sich auch individuell weiterentwickeln können.

In diesem Kontext lohnt es sich auf die Maslowsche Bedürfnishierachie[5] (Maslow, 1943, S. 370–369)zu schauen. Sie stellt eine Hierarchie menschlicher Bedürfnisse dar, die in fünf Hauptstufen unterteilt ist:

1. **Physiologische Bedürfnisse:** Grundlegende körperliche Bedürfnisse wie Nahrung, Wasser, Luft, Schlaf und sexuelle Befriedigung.

---
[5] Maslow, A. H. (1943), A theory of human motivation. In: Psychological Review. Vol. 50.

2. **Sicherheitsbedürfnisse:** Verlangen nach Sicherheit, Stabilität, Schutz vor Gefahr sowie nach einem sicheren Arbeitsplatz und einer sicheren Umgebung.
3. **Soziale Bedürfnisse:** Zugehörigkeit zu sozialen Gruppen, Beziehungen, Freundschaften und das Bedürfnis nach Liebe und Zugehörigkeit.
4. **Wertschätzung und Anerkennung:** Wunsch nach Wertschätzung, Respekt, Prestige, Erfolg und Anerkennung (durch andere).
5. **Selbstverwirklichung:** Streben nach persönlichem Wachstum, Erfüllung des eigenen Potenzials, Kreativität und Selbstverwirklichung.

Die Pyramide wird in der Hierarchie (Abb. 2.1) dargestellt, wobei die unteren Stufen als grundlegende Bedürfnisse angesehen werden, die erfüllt sein müssen, bevor höhere Bedürfnisse eine Rolle spielen können. Maslow argumentierte, dass Menschen sich in der Regel auf die Befriedigung von Bedürfnissen in einer Stufe konzentrieren, bevor sie sich auf die nächsthöhere Stufe begeben.

Ich möchte das nochmal anhand eines Beispiels verdeutlichen, denn die Maslowsche Bedürfnispyramide bietet eine gute Möglichkeit, die Bedürfnisse und Motivationen einer Mitarbeiterin in einem Unternehmen zu verstehen.

1. **Physiologische Bedürfnisse:** Es handelt sich um grundlegende physische Bedürfnisse wie Essen, Trinken, Schlafen und Gehalt. Für eine Mitarbeiterin in einem Unternehmen

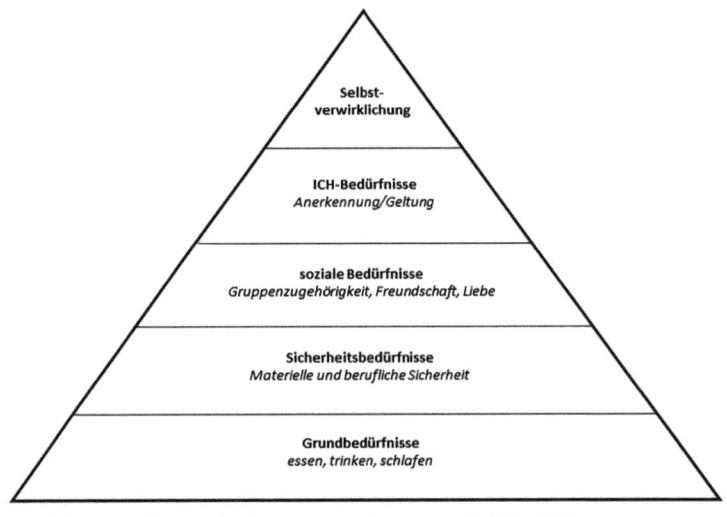

Bedürfnispyramide nach Abraham Harold Maslow (1908-1970), erstellt von Nina C. Kraft

Abb. 2.1 Bedürfnispyramide nach Maslow, die bekannte Pyramide stellt eine Darstellung der Bedürfnishierarchie von Maslow dar

bedeutet dies, dass sie ein angemessenes Gehalt erhalten muss, um ihre grundlegenden Lebensbedürfnisse zu erfüllen. So wird es ihr ermöglicht, sich auf ihre Arbeit zu konzentrieren, ohne sich über existenzielle Dinge Sorgen machen zu müssen.
2. **Sicherheitsbedürfnisse:** Das umfasst Sicherheit am Arbeitsplatz, Gesundheitsversorgung, Arbeitsplatzsicherheit und finanzielle Stabilität. Eine Mitarbeiterin benötigt eine sichere und stabile Arbeitsumgebung, eventuell klare Richtlinien und Möglichkeiten zur Weiterentwicklung, um sich geschützt und unterstützt zu fühlen.
3. **Soziale Bedürfnisse:** Menschen haben das Bedürfnis nach Zugehörigkeit und zwischenmenschlichen Beziehungen. Im Unternehmenskontext bedeutet das, dass eine Mitarbeiterin sich in einem Team integriert fühlen muss, gute zwischenmenschliche Beziehungen zu Kolleginnen pflegt und sich von Vorgesetzten unterstützt fühlt.
4. **Anerkennung und Wertschätzung:** Mitarbeiterinnen brauchen Anerkennung ihrer Leistungen, Lob und Möglichkeiten zur persönlichen Entwicklung. Das beinhaltet Lob für gute Arbeit, Chancen für Fortbildungen oder Beförderungen und die Möglichkeit, ihre Fähigkeiten auszubauen.
5. **Selbstverwirklichung:** Die höchste Stufe der Pyramide bezieht sich auf das Streben nach persönlichem Wachstum, Erfüllung und Selbstverwirklichung. Eine Arbeitnehmerin in einem Unternehmen strebt danach, ihre Fähigkeiten zu entfalten, an interessanten Projekten zu arbeiten und einen Beitrag zu leisten, der sie erfüllt und ihre Fähigkeiten herausfordert.

Unternehmen, die diese Bedürfnisse erkennen und unterstützen, können dazu beitragen, dass sich ihre Teammitglieder geschätzt fühlen. Außerdem schaffen sie eine positive Unternehmenskultur, steigern die Motivation und Produktivität und sind besser positioniert, um talentierte Mitarbeiterinnen an sich zu binden.

2.3.1 Purpose

Purpose ist wohl eines der allgegenwertigsten Buzzwords in Konferenzräumen und HR-Strategie-Meetings geworden. Doch was ist eigentlich dieser Purpose? Es ist vor allem wichtig, eine klare Unterscheidung zwischen dem „Personal Purpose", also dem persönlichen Sinn und dem „Corporate Purpose", also dem unternehmerischen Zweck, zu treffen. Im Hinblick auf das Verständnis der Bedürfnisse von Arbeitnehmerinnen ist der persönliche Sinn besonders relevant. Bestimmt haben Sie sich auch schon mal gefragt: Welchen Sinn hat meine Arbeit? Welche Bedeutung hat meine Arbeit für das Unternehmen? Welchen Impact hat meine Arbeit auf mein Umfeld?

Für manche Menschen ist der Purpose der größte Antreiber in Arbeitsbeziehungen, anderen ist es wichtiger, dass ihre Bedürfnisse nach Sicherheit gestillt sind und wieder anderen ist die soziale Umgebung besonders wichtig. Was aber alle eint, ist das Streben nach einem guten Leben, das jede für sich selbst definiert. Immanuel Kant zum Bespiel betonte die Wichtigkeit moralischer Prinzipien und die Achtung der Menschenwürde als Grundlage für ein gutes Leben. Schaut man auf die Geschichte und die diversen Kulturen unserer Welt, begreift man schnell, dass verschiedene kulturelle, religiöse und philosophische Traditionen unterschiedliche Vorstellungen davon haben, was ein gutes Leben ausmacht, aber die Idee, dass der Mensch nach einem erfüllten und sinnvollen Leben strebt, ist in den meisten Denkschulen präsent.

Um sich ein gutes Leben zu ermöglichen, benötigen die meisten Menschen ein finanzielles Backup, sei es, um die Miete für die Wohnung zu zahlen oder auch um sich den Unterricht an der Musikschule zu finanzieren, weil man schon immer mal Trompete spielen lernen wollte. Das Streben nach einem guten Leben, das man nach seinen Vorstellungen gestaltet kann, bringt die Menschen als Arbeitnehmerinnen zu den Unternehmen dieser Welt.

Nun befinden wir uns in einer Zeit, in der wir aufgrund des Fachkräftemangels vom War for Talent sprechen. Was auch heißt, dass die Menschen sich aussuchen können, wo sie ihre finanzielle Mittel für ihr gutes Leben verdienen.

Aus diesem Grund ist auch die Wichtigkeit des Corporate Purpose entstanden und wie er mit dem Personal Purpose von Arbeitnehmerinnen vereinbar ist. Klar ist aber auch, dass nicht jeder unternehmerische Zweck auf jede potenzielle Teammitglieder gleich sexy wirkt, aber um Arbeitsbeziehungen für beide Seiten zufrieden zu stellen, sollte der Corporate Purpose transparent nach außen kommuniziert werden.

Nehmen wir uns wieder eine Zeitspanne von 20 Jahren vor, sehen wir auch hier einen Wandel im Umgang mit dem Corporate Purpose. Früher konzentrierten sich Unternehmen hauptsächlich darauf, Gewinne zu maximieren und, je nach Unternehmensform, Aktionärsinteressen zu bedienen. In den letzten Jahren ist jedoch ein Paradigmenwechsel eingetreten und Unternehmen erkennen zunehmend die Bedeutung eines umfasenderen Zwecks an, der über rein finanzielle Ziele hinausgeht.

1. **Gesellschaftliche Verantwortung (CSR):** Unternehmen sind heute stärker darauf ausgerichtet, ihre soziale Verantwortung wahrzunehmen. Der Fokus liegt nicht nur auf der Gewinnmaximierung, sondern auch auf dem Beitrag zum Gemeinwohl. CSR-Initiativen, wie Umweltschutz, soziales Engagement und ethische Geschäftspraktiken, sind in vielen Unternehmensstrategien fest verankert.
2. **Nachhaltigkeit:** Mit wachsendem Umweltbewusstsein und der Erkenntnis, dass Unternehmen einen erheblichen Einfluss auf die Umwelt haben, hat die Bedeutung der Nachhaltigkeit zugenommen. Unternehmen setzen vermehrt auf umweltfreundliche Praktiken, erneuerbare Energien und umweltschonende Produktionsprozesse, um sowohl ökologische als auch ökonomische Ziele zu erreichen.
3. **Unternehmenskultur:** Arbeitnehmerinnen legen verstärkt Wert darauf, für Unternehmen zu arbeiten, die einen klaren ethischen Kompass haben und sich über ihre soziale Verantwortung bewusst sind. Für viele wird Diversität und eine klare politische Haltung auch immer wichtiger, bei der Auswahl ihrer Arbeitgeberin.

4. **Kundenverhalten:** Konsumenten werden zunehmend anspruchsvoller und legen Wert darauf, dass die Unternehmen, von denen sie Produkte oder Dienstleistungen beziehen, sozial verantwortlich und nachhaltig handeln. Unternehmen, die einen klaren Corporate Purpose haben und diesen authentisch kommunizieren, können beispielsweise eine loyalere Kundschaft aufbauen.
5. **Investorenerwartungen:** Investoren sind heute mehr denn je daran interessiert, in Unternehmen zu investieren, die nicht nur finanziell erfolgreich sind, sondern auch ethisch und nachhaltig agieren. Es entstehen vermehrt Investitionsstrategien, die ESG-Kriterien (Umwelt, Soziales, Unternehmensführung) berücksichtigen.

2.3.2 Wie unterstützt Coaching den Corporate und Personal Purpose?

Coaching kann einen wesentlichen Beitrag zum Corporate Purpose und zum persönlichen Sinnfindungsprozess der Mitarbeiterinnen leisten.

Corporate Purpose

1. **Purpose-Klarheit schaffen:** Mittels Coaching können Unternehmen ihre Unternehmenswerte und den übergeordneten Zweck klären und definieren.
2. **Führungskräfteentwicklung:** Coaching kann Führungskräfte dabei unterstützen, authentisch und empathisch zu führen. Durch die Ausrichtung auf den Purpose werden Führungskräfte zu Botschafterinnen der Unternehmenswerte.

Personal Purpose

1. **Individuelle Sinnfindung:** Manche Arbeitnehmerinnen sind sich über ihren persönlichen Sinn-Kompass gar nicht bewusst. Coaching kann sie dabei unterstützen ihren persönlichen Purpose zu identifizieren und mit den Unternehmenswerten zu verknüpfen. Mitarbeiterinnen erleben ihre Arbeit so als sinnvoller und erfüllender.
2. **Karriereentwicklung:** Coaches können Teammitglieder bei der Ausgestaltung ihrer beruflichen Laufbahn begleiten, wobei der Fokus auf persönlichen Stärken, Werten und Interessen liegt.
3. **Arbeitszufriedenheit und Engagement:** Coaching geht auf die individuellen Bedürfnisse und Ziele der Mitarbeiterinnen ein, trägt so dazu bei, die Arbeitszufriedenheit zu steigern und das Engagement zu fördern.

Teammitglieder, die ihre Arbeit als sinnvoll empfinden, sind oft motivierter und natürlich auch produktiver. Insgesamt kann Coaching eine gute Ergänzung sein, sowohl auf Unternehmensebene als auch auf individueller Ebene einen klaren und sinnvollen Zweck zu identifizieren, zu entwickeln und umzusetzen. Es schafft eine Win–Win-Situation, indem es die Zusammenarbeit im Unternehmen stärkt und gleichzeitig das persönliche Wohlbefinden und die Entwicklung der Arbeitnehmerinnen fördert.

2.4 Empathie in der täglichen Arbeit integrieren

Im ersten Kapitel habe ich über den All-Star-Skill Empathie und die Auswirkungen auf das Unternehmen geschrieben. In diesem Teil möchte ich darauf fokussierter eingehen.

Schaut man im Duden unter Empathie nach steht dort definiert: Empathie – Bereitschaft und Fähigkeit, sich in die Einstellungen anderer Menschen einzufühlen.[6] Empathie ist demnach keine einheitliche Eigenschaft, sondern vielmehr ein facettenreiches Spektrum an Emotionen und Erfahrungen. In ihrer Grunddefinition bezeichnet Empathie die Fähigkeit und das Bewusstsein, die Emotionen und Gefühle anderer Menschen zu verstehen und zu spüren. Dabei geht es auch darum, sich in die Lage anderer zu versetzen und sich vorzustellen, was jemand anderes denken oder fühlen könnte – auch, wenn man diese Erfahrung nicht selbst gemacht hat.

Nach Daniel Goleman(Goleman, 2017)[7] werden drei Formen von Empathie unterschieden:

1. **Emotionale Empathie:**
   - *Definition:* Emotionale Empathie bezieht sich auf die Fähigkeit, die Gefühle und Emotionen anderer Personen zu erfassen und selbst zu fühlen. Es geht darum, sich in die emotionalen Zustände anderer Menschen ein- und mit ihnen mitzufühlen.
   - *Beispiel:* Wenn eine Person traurig ist, kann jemand mit hoher emotionaler Empathie auch traurig werden, weil sie die Gefühle des Gegenübers nachempfinden kann.
2. **Kognitive Empathie:**
   - *Definition:* Kognitive Empathie bezieht sich auf die Fähigkeit, die Perspektiven, Gedanken und Sichtweisen anderer Menschen zu verstehen, ohne notwendigerweise ihre Emotionen zu teilen. Es geht um das intellektuelle Verständnis der Gefühle und Gedanken anderer.
   - *Beispiel:* Jemand mit hoher kognitiver Empathie kann die Beweggründe und Überlegungen einer Person nachvollziehen, auch wenn er oder sie nicht unbedingt die gleichen Emotionen erlebt.

---

[6] Duden.de. (2023, 13. April). Empathie.
[7] Goldeman, D. (2017), Social Intelligence: The New Science of Human Relationships.

3. **Soziale Empathie:**
   - *Definition:* Soziale Empathie bezieht sich auf die Fähigkeit, sich in soziale Kontexte einzufühlen und die sozialen Normen, Erwartungen und Dynamiken zu verstehen. Es beinhaltet auch das Verständnis der sozialen Interaktionen und Beziehungen.
   - *Beispiel:* Erlebt eine Person in einer Gruppensituation Unsicherheit oder Spannungen, kann jemand mit hoher sozialer Empathie die sozialen Dynamiken erkennen und sich einfühlen, um angemessen zu reagieren.

Die Anzeichen von Empathie können auf persönlicher Ebene sowie im sozialen Umfeld oder am Arbeitsplatz beobachtet werden. Empathie zeigt sich in der Fähigkeit, die Emotionen anderer zu erkennen und angemessen darauf zu reagieren. Dies spielt eine entscheidende Rolle in der Arbeitswelt, insbesondere für Führungskräfte und HR-Verantwortliche, um eine Kultur der Empathie zu fördern.

Beschäftigt man sich detaillierter mit dem Thema Empathie kommt man an den „4 Säulen der Empathie" nicht vorbei, die dem Wissenschaftler und Publizist Daniel Rifkin zugeschrieben werden. Diese sind:

1. **Wahrnehmung:**
   - Wahrnehmung bezieht sich darauf, die Gefühle und Bedürfnisse einer anderen Person bewusst zu registrieren und zu erkennen. Dafür sind Achtsamkeit und Aufmerksamkeit gegenüber nonverbalen Signalen, verbaler Kommunikation und anderen Ausdrucksformen der Gefühlslage einer Person gefordert. Eine gute Beobachtungsgabe ermöglicht es, die emotionalen Signale anderer zu erfassen.
2. **Verständnis:**
   - Verständnis in der Empathie beinhaltet das tiefe Eindringen in die Gefühlswelt des Gegenübers. Es geht darum, die Perspektive des anderen zu begreifen, die Erfahrungen nachzuvollziehen und sich in ihre Lage zu versetzen. Dies erfordert nicht nur die Aufnahme von Informationen, sondern auch die Fähigkeit, solche Informationen zu verarbeiten und zu interpretieren.
3. **Resonanz:**
   - Resonanz bedeutet, auf die emotionalen Signale einer anderen Person auf eine empathische Weise zu reagieren. Es geht darum, Mitgefühl zu zeigen und die Gefühle des anderen zu spiegeln, um ihnen zu signalisieren, dass sie verstanden und akzeptiert werden. Resonanz involviert häufig emotionale Reaktionen wie Mitgefühl oder Freude in Anbetracht der Gefühle der anderen Person.
4. **Antizipation:**
   - Antizipation bezieht sich darauf, die Bedürfnisse und Reaktionen einer Person vorherzusehen und darauf zu reagieren, bevor sie verbal ausgedrückt werden. Empathie geht über die bloße Reaktion auf aktuelle Gefühle hinaus und beinhaltet die Fähigkeit, sich in die Zukunft zu versetzen, um Bedürfnisse vorherzusehen und darauf einzugehen, bevor sie explizit ausgedrückt werden.

Die vier Säulen zusammen bilden eine umfassende Grundlage für eine effektive empathische Interaktion. Sie unterstützen dabei, nicht nur die Gefühle anderer zu erkennen, sondern auch angemessen darauf zu reagieren und eine tiefere emotionale Verbindung herzustellen.

Leider werden oft zwei Missverständnisse hinsichtlich Empathie geäußert: Die Sorge, dass empathische Führung als Schwäche interpretiert werden könnte, und die falsche Annahme, dass Empathie nicht zu geschäftlichen Zielen und Ergebnissen beiträgt. Die Forschung widerlegt diese Vorstellungen. Empathische Führungskräfte sind nicht nur effektiver bei der Schaffung positiver Arbeitsumgebungen, sondern steigern auch die Leistung und Produktivität ihrer Teams durch höhere Arbeitszufriedenheit und Engagement. Und die gute Nachricht ist: Empathie kann man neu erlernen! Warum neu? Bereits als Kinder agieren wir empathisch, allerdings verlernen wir sie manchmal beim Erwachsenwerden und/oder verbergen sie unter erlernten Schutzschichten.

Neben den drei Formen, gibt es auch die drei Phasen der Empathie:

1. **Erkennen:** Die Emotionen und Bedürfnisse einer anderen Person wahrzunehmen und zu erkennen.
2. **Verstehen:** Nachdem die Emotionen erkannt wurden, geht es darum diese zu verstehen. Dabei geht es darum die Perspektive der anderen Person zu erfassen und sich in ihre Lage zu versetzen.
3. **Handeln:** Die letzte Phase beinhaltet konkrete Handlungen als Reaktion auf die erkannten Emotionen und Bedürfnisse. Empathie wird erst wirklich wirksam, wenn sie in Taten umgesetzt wird. Beispielsweise kann sich das darin zeigen, dass man Unterstützung anbietet, tröstende Worte findet oder andere angemessene Maßnahmen ergreift, um die Situation zu verbessern.

Empathie ist keine bloße Theorie; sie manifestiert sich in konkreten Handlungen. Empathische Führungskräfte können sich nicht nur intellektuell, sondern auch emotional und mental mit ihren Teammitgliedern verbinden. Diese Verbindung ermöglicht bessere Entscheidungsfindung und einen resilienten Umgang mit komplexen Herausforderungen. Studien zeigen sogar, dass Menschen bereit sind, länger für empathische Führungskräfte zu arbeiten und diese weiterzuempfehlen.

Um Empathie bei der Arbeit zu zeigen habe ich 10 Tipps zusammengetragen. Teilen Sie diese auch gerne mit Führungskräften!

1. **Neugierig sein:** Stellen Sie durchdachte und sinnvolle Fragen, um wertvolle Informationen über Ihre Teammitglieder zu erhalten.
2. **Zuhören:** Ermöglichen Sie echtes, einfühlsames Zuhören, um die Perspektiven und Bedürfnisse Ihrer Teammitglieder zu verstehen. Hören Sie hin!

3. **Vertrauen:** Schaffen Sie eine authentische Atmosphäre, in der Vertrauen aufgebaut werden kann. Arbeitnehmerinnen sollten sich sicher fühlen, ihre Herausforderungen offen zu teilen.
4. **Sinn:** Fördern Sie eine Kultur, in der die Mitarbeiterinnen einander gut kennen und aufmerksam auf ihre emotionalen Bedürfnisse reagieren.
5. **Hilfe:** Ermutigen Sie dazu, echte Unterstützung anzubieten, insbesondere wenn Teammitglieder überfordert sind und nicht von selbst um Hilfe bitten.
6. **Verbindung:** Unterstützen Sie den Aufbau sinnvoller und starker Beziehungen zwischen den Mitarbeiterinnen.
7. **Respekt:** Achten Sie auf die Grenzen der Kolleginnen und respektieren Sie auch das Leben, dass die Teammitglieder außerhalb der Arbeit führen.
8. **Sicherer Raum:** Schaffen Sie eine Umgebung, in der Arbeitnehmerinnen ihre Erfahrungen ohne Angst vor Kritik oder Verurteilung teilen können.
9. **Führen:** Integrieren Sie Empathie in alle Aktivitäten des Teams und werden Sie als Führungskraft selbst empathisch.
10. **Dankbarkeit:** Zeigen Sie Wertschätzung für die Leistungen und positiven Beiträge der Arbeitnehmerinnen.

2.5 Mentale Gesundheit und Coaching

Die mentale Gesundheit ist in der HR-Bubble ein omnipräsentes Thema. In diesem Zusammenhang stellt sich natürlich auch die Frage, wie sich Coaching auf die mentale Gesundheit auswirkt.

Es ist allseits bekannt, dass der Druck und die Anforderungen des Berufslebens zu erheblichem Stress führen kann, der wiederum die mentale Gesundheit beeinträchtigt. Arbeitnehmerinnen können lernen, stressige Situationen zu identifizieren, zu verstehen und konstruktiv damit umzugehen. So wird der Stress reduziert und das emotionale Wohlbefinden gefördert. Wichtig: Jeder Mensch ist unterschiedlich resilient und geht mit Stress anders um.

Auch die Auseinandersetzung mit persönlichen Herausforderungen und die Entwicklung von Selbstbewusstsein können dazu beitragen, psychische Belastungen zu reduzieren. Die bewusste Auseinandersetzung mit der eigenen Persönlichkeit ermöglicht es, effektivere Entscheidungen zu treffen und eine positive Einstellung gegenüber beruflichen Herausforderungen zu entwickeln.

Durch die Stärkung von Kommunikationsfähigkeiten oder Umgang mit Konflikten können individuelle Beziehungen am Arbeitsplatz verbessert werden, was wiederum die mentale Gesundheit fördert.

Resümierend kann man sagen, dass die Vorteile von Coaching sich auch positiv auf die mentale Gesundheit auswirken, indem es Stress reduziert, Selbstreflexion fördert, zwischenmenschliche Beziehungen stärkt und die persönliche Entwicklung unterstützt.

2.6 Persönlicher Erfahrungsbericht

Um nochmal auf Hansjörg Künzli zu sprechen zu kommen, der schlussfolgerte, dass Coaching wirkt[8]. Ich selbst habe das als Senior HR Manager bei einem ökologischen Projektenwickler und Investor im Rahmen der Projektverantwortung für die Personalentwicklung erlebt. Diese Erfahrung möchte ich gerne mit Ihnen teilen.

Im Jahr 2021 setzten wir uns als HR-Team intensiv mit dem Aufbau der Personalentwicklung auseinander und entschieden uns dazu, Coaching für alle Ebenen in unseren Prozess für die Personalentwicklung zu integrieren. Warum? Das Fundament des Konzepts war darauf ausgerichtet Stärken zu stärken. Für uns war es ein logischer Schritt, Coaching darin als festen Bestandteil aufzunehmen. Die Bestätigung unserer Annahme kam recht schnell, denn wir sahen rasch positive Veränderungen bei den Arbeitnehmerinnen.

Die individuelle Betreuung durch erfahrene Coaches ermöglichte es den Teammitgliedern, ihre beruflichen Herausforderungen zu reflektieren und konkrete Lösungsansätze zu entwickeln. Sie haben mittels Coachings ihre eigenen (bereits vorhandenen) Stärken wieder- oder auch erst entdeckt. Zur Folge hatte das nicht nur eine Verbesserung ihrer Fähigkeiten, sondern auch eine Stärkung ihres Selbstbewusstseins. Die positiven Auswirkungen zeigten sich sowohl auf beruflicher Ebene als auch im Privatleben der Mitarbeiterinnen und hatten auch Auswirkungen auf das psychische Wohlbefinden. Ein Effekt, den ich in meiner täglichen Arbeit als Coachin auch immer wieder berichtet bekomme.

Durch den Fokus auf persönliche Entwicklung und die Förderung individueller Stärken hat sich nicht nur die Zufriedenheit, sondern auch die Produktivität im Team gesteigert. Das Coaching förderte eine offene Kommunikationskultur und hat zu einem tieferen Verständnis und Vertrauen unter den Teammitgliedern beigetragen.

Natürlich waren nach diesem Schritt die Büroflure nicht von Harmonie durchflutet, sondern es tauchten immer noch hier und da Konflikte auf. Jedoch wurden sie zügiger angegangen oder es entwickelte sich ein merklich neuer Umgang mit ihnen.

Meine Erfahrung zeigt, dass Coaching als Instrument in der Personalentwicklung eine nachhaltig positive Wirkung auf die einzelnen Mitarbeiterinnen und auch die Teams im Allgemeinen hat. Es trägt dazu bei, Potenziale zu entfalten, Herausforderungen zu bewältigen und eine ausgewogene Life-Balance zu fördern. Die Investition in Coaching zahlt sich nicht nur für die individuelle Entwicklung jeder Mitarbeiterin aus, sondern stärkt auch das gesamte Team und letztendlich das Unternehmen als Ganzes. Da dafür leider nicht immer das Budget vorhanden ist, ist es sehr hilfreich, dass wir als HR-Professionals, Coaching-Skills erwerben und so besser unterstützen können.

---

[8] Künzli, H. (2009), Wirksamkeitsforschung im Führungskräfte-Coaching.

Grundlagen des Coachings 3

3.1 Einführung systemisches Coaching

Sie fragen sich bestimmt, ob es nun endlich so weit ist und wir anfangen Ihren Werkzeugkoffer zu füllen. Nur wissen Sie was? Wir können doch nichts füllen, was noch nicht vorhanden ist. Zuerst möchte ich Ihnen den Koffer an die Hand geben. Es ist wichtig sich über die Prinzipien und Grundlagen von Coaching klar zu werden und wie diese bzw. was daraus in die HR-Welt übertragen werden kann.

Ich möchte direkt klarstellen, diese Lektüre bildet Sie nicht zu hochqualifizierten Coaches aus. Das wäre so, als würden wir nach dem Lesen eines Kochbuches alle zu Meisterköchinnen. Stattdessen soll dieses Buch Sie dabei unterstützen Ihre tägliche HR-Arbeit zu bewältigen und im besten Fall zu optimieren. Werden Sie zum Schweizer Taschenmesser des HRs – gewappnet für fast jede zwischenmenschliche Situation im Arbeitsalltag. Also, machen Sie sich bereit für den Ausflug in die Welt des Coachings.

Timothy Gallwey, unter anderem Bestseller Autor und Business-Consultant im Personalwesen, definierte 1972 (Whitmore, 2015, S. 15) Coaching folgendermaßen „Coaching setzt das Potenzial der Menschen frei, um ihre Performance zu maximieren. Das Ziel des Coachings ist es, ihnen zu helfen zu lernen, anstatt ihnen etwas beizubringen."[1]

Es ist wichtig zu wissen, dass Coach nicht gleich Coach ist. Der Begriff „Coaching" ist aktuell noch nicht rechtlich geschützt und verschiedene Coaches bringen verschiedene Spezialisierungen mit sich, bei denen sie individuelle Ansätze verfolgen. Diese Vielfalt spiegelt sich oft in den unterschiedlichen Methoden wider, die Coaches in ihrer Arbeit bevorzugen. Es gibt verschiedene Ansätze im Coaching, beispielsweise den systemischen oder agilen Ansatz oder das neurolinguistische Programmieren. Doch grundsätzlich bricht das Zitat von Gallwey die Idee von Coaching auf das Wesentliche herunter.

---

[1] Whitmore, J. (2015), Coaching for Performance.

Durch meinen Background im systemischen Coaching, möchte ich Ihnen die Grundlagen anhand des systemischen Ansatzes näherbringen. Systemisches Coaching basiert auf einer ganzheitlichen und systemischen Sicht- bzw. Denkweise und ist eine Methode, die darauf abzielt, nicht nur das individuelle Verhalten und die persönlichen Ziele von Klientinnen zu berücksichtigen, sondern auch die Wechselwirkungen zwischen verschiedenen Elementen in einem größeren System. Das System bezieht sich auf das soziale und/oder berufliche Umfeld, in dem sich die Klientinnen befinden. Es umfasst Beziehungen, Gruppen, Organisationen oder andere soziale Einheiten, die das Verhalten und die Entwicklung beeinflussen können. Der systemische Ansatz betrachtet die Person bzw. die Situation demnach nicht isoliert, sondern in Wechselwirkung mit ihrem umgebenden System und den beeinflussenden Faktoren.

Um es vereinfacht zu formulieren, in der systemischen Arbeit geht es darum, dass Menschen sowohl von sozialen Systemen beeinflusst werden bzw. abhängig sind als auch die Fähigkeit haben, diese Systeme zu beeinflussen. Durch systemisches Coaching sollen die Klientinnen ihre Ressourcen aktivieren, sich über den Abhängigkeitszustand und den verschiedenen Faktoren in ihrem persönlichen System bewusst werden genauso wie über die Gestaltungsspielräume.

▶ Kurz gesagt, systemisches Coaching strebt an, durch die Aktivierung vorhandener Ressourcen positive Veränderungen durch die Berücksichtigung von Beziehungen und Strukturen im System zu bewirken.

3.2 Grundsätze

Es gibt Grundsätze, die für jedes Coaching gelten und auf denen man alles Weitere aufbaut.

1. **Freiwilligkeit:** die Klientin nimmt das Coaching freiwillig in Anspruch und es ist jederzeit beendbar, denn Coachings entfalten ihre volle Wirkung hinsichtlich des Erfolgs nur dann nachhaltig, wenn sie freiwillig und vertraulich durchgeführt werden (vgl. Rauen, 2005, S. 273)[2].
2. **Vertraulichkeit:** Es geht niemanden etwas an, was im Coaching besprochen wird.
3. **Neutralität und Wertungsfreiheit:** Die Coachin steht dem Thema prinzipiell neutral gegenüber und wertet nicht.
4. **Eigen-/und Ergebnisverantwortung:** Die Klientin ist für den Inhalt und das Ergebnis des Coachings verantwortlich.

---

[2] Rauen, C. (2005), Coaching Handbuch.

5. **Prozessverantwortung:** Die Coachin ist für den Prozess, die Tools und den Rahmen verantwortlich.
6. **Handlungsfähigkeit und Selbstwirksamkeit:** Die Coachin geht davon aus, dass die Klientin in der Lage ist. ihre Ziele selbst zu verwirklichen und entsprechend zu handeln.

3.3 Prinzipien und Grundlagen

Schauen wir uns die Prinzipien und Grundlagen einmal genauer an:

1. **Vertrauen:** Das ist die Grundlage in der systemischen Arbeit. Man vertraut auf die Ressourcen der Klientin, was bedeutet, dass diese selbst die für sich passend Lösung finden wird. Als Coach ist man prozessverantwortlich und trägt nicht die Verantwortung für die Lösung. Die Klientin muss auf die Coachin vertrauen, dass diese einen adäquat durch den Prozess leitet.
2. **Systemisches Denken:** Systemisches Coaching betrachtet die Klientin nicht isoliert, sondern als Teil eines größeren Systems, das verschiedene Ebenen und Beziehungen umfasst, wie Familie, Organisation oder soziales Umfeld. Probleme und Lösungen werden in diesem Kontext betrachtet (Abb. 3.1).
3. **Zirkularität:** Im systemischen Ansatz wird betont, dass Ursache und Wirkung in komplexen Systemen oft zirkulär sind. Das bedeutet, dass Veränderungen in einem Bereich Auswirkungen auf andere Teile des Systems haben können. Im Coaching werden diese Wechselwirkungen berücksichtigt und so wird die Klientin unterstützt, sie zu verstehen und zu beeinflussen.
4. **Ursachen und Wirkungen:** Diese Form des Coachings untersucht nicht nur Symptome, sondern geht den Ursachen von Problemen bzw. Herausforderungen auf den Grund. Es betrachtet die Wechselwirkungen und Zusammenhänge, die zu bestimmten Verhaltensweisen oder Situationen führen.
5. **Neutralität und Allparteilichkeit:** Allparteilichkeit im systemischen Kontext bedeutet, dass die Coachin keine Partei ergreift und neutral bleibt. Es geht darum, alle Beteiligten und Perspektiven im System gleichwertig zu respektieren und zu verstehen, ohne eine bestimmte Seite zu bevorzugen. Die Coachin nimmt eine unvoreingenommene Haltung ein, um ein umfassendes Verständnis für die Dynamiken im System zu entwickeln und die Klientin dabei zu unterstützen, Lösungen zu finden.
6. **Ressourcenarbeit:** Im systemischen Coaching wird der Schwerpunkt auf die Identifikation und Nutzung der bereits vorhandenen Ressourcen, Stärken und Potenziale der Klientin gelegt, anstatt sich auf Defizite zu konzentrieren. Diese Ressourcen dienen dazu, positive Veränderungen anzuregen und kreative Lösungsansätze zu fördern.

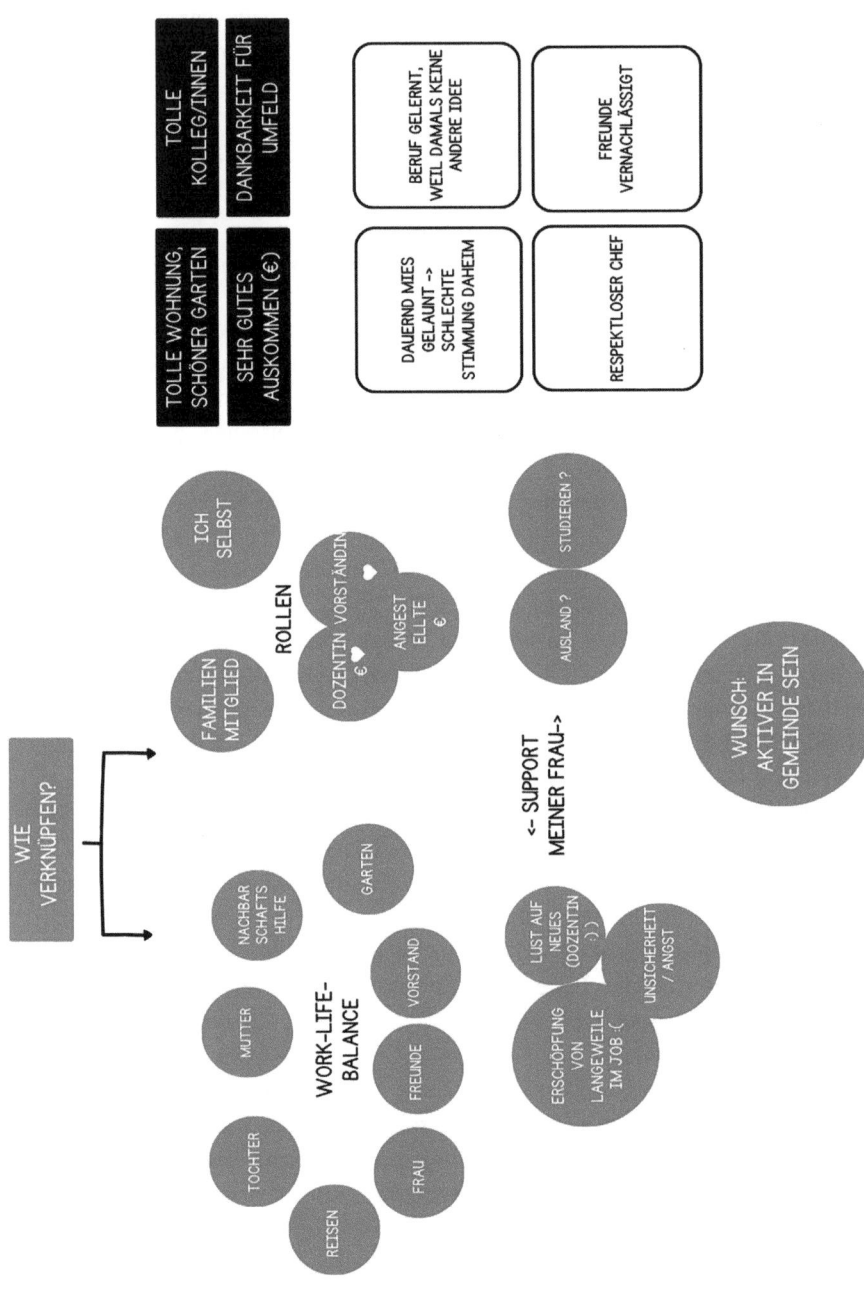

Abb. 3.1 Beispiel-System einer Klientin, stark vereinfacht

3.3 Prinzipien und Grundlagen

Systemische Coaches gehen davon aus, dass die Klientin einen vollgepackten Rucksack mit Ressourcen dabeihat und diese mit verschiedenen Tools herausgeholt und aktiviert werden können.

7. **Perspektivenvielfalt:** In der systemischen Arbeit werden verschiedene Perspektiven und Sichtweisen berücksichtigt, um ein umfassenderes Verständnis für die Situation zu entwickeln.
8. **Zielklarheit:** Ein wichtiger Aspekt im systemischen Ansatz ist die Klärung der Ziele und Erwartungen der Klientin. Das hilft, die gewünschten Veränderungen zu definieren und den Coaching-Prozess gezielt auszurichten.
9. **Lösungsorientierung:** Im Prozess konzentriert man sich auf die Entwicklung von konkreten und umsetzbaren Lösungen für die Anliegen der Klientin. Sie ermutigt dazu, positive Veränderungen zu initiieren und umzusetzen.
10. **Zusammenfassung und Reflexion:** Im systemischen Coaching ist es wichtig, regelmäßig das Gesagte zusammenzufassen und Reflexionsprozesse zu fördern. So werden der Klientin ihre Fortschritte bewusst gemacht. Diese Herangehensweise kennt man auch als aktives Zuhören.
11. **Nachhaltigkeit:** Systemisches Coaching zielt darauf ab, nachhaltige Veränderungen zu bewirken, die über die Coaching-Sitzungen hinausgehen. Die Klientin wird ermutigt, die erworbenen Erkenntnisse und Fähigkeiten im Alltag gezielt anzuwenden.

Exkurs Ressourcenarbeit
Ressourcenarbeit im Coaching bezieht sich auf die systematische Nutzung und Stärkung der inneren Ressourcen einer Person, um deren persönliche Entwicklung und Zielerreichung zu fördern. Ressourcen können verschiedene Faktoren umfassen, wie zum Beispiel persönliche Stärken, Fähigkeiten, positive Erfahrungen, Werte, Überzeugungen und unterstützende soziale Netzwerke. Die Auflistung ist nicht als vollständig anzusehen.

Im Coaching-Prozess selbst geht es darum, der Klientin zu helfen, sich ihrer vorhandenen Ressourcen bewusst zu werden, diese zu aktivieren und gezielt einzusetzen, um Herausforderungen zu bewältigen und Ziele zu erreichen.

Vorgehensweise der Ressourcenarbeit im Coaching:

1. *Ressourcenidentifikation: Die Coachin unterstützt die Klientin dabei, ihre persönlichen Stärken, Fähigkeiten und positive Erfahrungen zu identifizieren. Hilfsmittel sind hier gezielte Fragen, Reflexion und Feedback.*
2. *Ressourcenaktivierung: Nachdem die Ressourcen identifiziert wurden, geht es darum, diese aktiv zu nutzen. Das kann bedeuten, dass die Klientin lernt, wie sie ihre Stärken in verschiedenen Lebensbereichen besser einsetzen kann.*
3. *Ressourcenentwicklung: Die Coachin kann die Klientin dabei unterstützen, vorhandene Ressourcen weiterzuentwickeln und neue Ressourcen zu erschließen. Dies kann durch gezielte Übungen, Weiterbildung oder die Schärfung bestimmter Fähigkeiten geschehen.*
4. *Ressourcenintegration: Es geht darum, die Ressourcen nachhaltig in den Alltag zu integrieren, sodass sie kontinuierlich genutzt werden können. Entwicklung von konkreten Handlungsplänen und Strategien können an dieser Stelle Maßnahmen dafür sein.*

Hinter der Ressourcenarbeit steckt die Idee, den Fokus auf das Positive und Stärkende zu legen, um die Selbstwirksamkeit und das Selbstvertrauen der Klientin zu stärken. Das kann dazu beitragen, dass die

Klientinnen besser in der Lage sind, mit Herausforderungen umzugehen und positive Veränderungen in ihrem Leben zu bewirken.

3.4 Übertragung der Grundlagen und Prinzipien in die HR-Arbeit

Doch wie können wir diese Prinzipien und Grundlagen nun in unsere HR-Arbeit übertragen und sie nützlich für uns anwenden? Lassen Sie uns gemeinsam einige Wege eruieren, wie wir die Prinzipien des systemischen Coachings ganz unkompliziert in unseren täglichen Routinen integrieren können.

1. **Ganzheitlicher Ansatz:** Systemisches Coaching betrachtet Herausforderungen in einem breiteren Kontext. HR-Professionals können von einem ganzheitlichen Ansatz profitieren, der nicht nur die einzelnen Mitarbeiterinnen, sondern auch die Interaktionen und Dynamiken im gesamten Unternehmen berücksichtigt.
2. **Fragen statt Anweisungen:** Der systemische Ansatz legt Wert auf offene Fragen, die dazu dienen, das Verständnis zu vertiefen und Lösungen aus den Mitarbeiterinnen selbst heraus entstehen zu lassen (Stichwort Ressourcenorientierung). HR-Verantwortliche können lernen, eher Fragen zu stellen, die dazu ermutigen, über Herausforderungen nachzudenken, anstatt direkt Lösungen oder Handlungsschritte anzubieten.
3. **Feedbackkultur entwickeln:** Die systemische Arbeit fördert eine offene und konstruktive Feedbackkultur. HR-Abteilungen könnten diese Idee übernehmen, um eine Umgebung zu schaffen, in der Mitarbeiterinnen regelmäßig Feedback geben und empfangen können, um kontinuierliche Verbesserungen zu fördern.
4. **Ressourcenaktivierung:** Statt sich ausschließlich auf Herausforderungen zu konzentrieren, betont systemisches Coaching die Identifikation und Nutzung von Ressourcen. HR-Profis können Mitarbeiterinnen ermutigen, ihre Stärken zu erkennen und zu nutzen, um Herausforderungen anzugehen.
5. **Kommunikation verbessern:** Der systemische Ansatz legt Wert auf eine klare und offene Kommunikation. Es ist denkbar, dass HR-Abteilungen Schulungen organisieren, die die Kommunikationsfähigkeiten der Mitarbeiterinnen verbessern und dazu beitragen, Missverständnisse und so auch Konflikte zu reduzieren.
6. **Veränderungen begleiten:** Systemisches Coaching ist oft auf Veränderungsprozesse ausgerichtet. HR-Professionals können sich diese Methodik zu Nutze machen, um Veränderungen im Unternehmen zu begleiten, Mitarbeiterinnen zu unterstützen und so Widerstand zu minimieren und/oder Ängste angemessen zu begleiten.

3.4 Übertragung der Grundlagen und Prinzipien in die HR-Arbeit

7. **Selbstreflexion fördern:** Der genannte Ansatz ermutigt zur Selbstreflexion. HR-Verantwortliche können angeleitete Selbstreflexionsübungen nutzen, um Mitarbeiterinnen dazu zu ermutigen, über ihre berufliche Entwicklung nachzudenken und ihre Ziele zu klären.

Indem wir, als HR-Professionals, anfangen diese Prinzipien und Grundlagen in unserem Alltag zu integrieren, können wir dazu beitragen, eine positive und unterstützende Unternehmenskultur zu schaffen, in der Mitarbeiterinnen ihr volles Potenzial entfalten können.

Eine tolle Vorstellung, oder? Aber wie genau kann dieser Ansatz in den Arbeitsalltag eines HR-Professionals integriert werden und so zu einer unterstützenden und entwicklungsfördernden Unternehmenskultur beitragen?

1. **Schulungen und Weiterbildung:**
   - Den ersten Schritt haben Sie bereits getan- Sie lesen dieses Buch. Sollte Ihnen die Thematik gefallen, nutzen Sie zusätzlich auch Schulungsangebote für HR-Professionals zum Thema und vertiefen Sie Ihre Kenntnisse.
   - **Beispiel:** Eine externe Coachin könnte eine Schulung zu systemischen Ansätzen leiten, um die Grundlagen zu vermitteln und praktische Fähigkeiten zu trainieren.
2. **Implementierung von Fragetechniken:**
   - Trauen Sie sich, offene Fragen zu stellen und aktiv zuzuhören.
   - **Beispiel:** Statt zu fragen, warum eine Mitarbeiterin eine Aufgabe nicht erledigt hat, könnten Sie fragen: „Welche Herausforderungen haben sich Ihnen in Bezug auf diese Aufgabe gestellt?"
3. **Feedbackkultur fördern:**
   - Etablieren Sie regelmäßige Feedback-Termine in der Unternehmenskultur.
   - **Beispiel:** Statt nur jährliche Bewertungen ist es ratsam, kurze, regelmäßige Check-ins zu etablieren, um kontinuierliches Feedback zu ermöglichen.
4. **Ressourcenorientierung betonen:**
   - Integrieren Sie Ressourcenorientierung in Zielsetzung und Entwicklungspläne.
   - **Beispiel:** Bei der Zielsetzung ist es eine Möglichkeit, den Fokus darauflegen, wie vorhandene Fähigkeiten und Ressourcen genutzt werden können, um die gesteckten Ziele zu erreichen. Vertrauen Sie darauf, dass die Mitarbeiterinnen die Ressourcen bereits in sich tragen und eben diese nur aktiviert werden müssen.
5. **Change-Management unterstützen:**
   - Implementieren Sie systemische Ansätze bei Veränderungsprozessen.
   - **Beispiel:** Stellen Sie sicher, dass Sie während Umstrukturierungen regelmäßig mit Mitarbeiterinnen kommunizieren und Feedback einholen, um Bedenken frühzeitig anzugehen.
6. **Selbstreflexion fördern:**
   - Integrieren Sie Selbstreflexionsübungen in die Mitarbeiterinnenentwicklung.

- **Beispiel:** HR-Abteilungen bzw. Personalentwicklerinnen erstellen individuelle Entwicklungspläne, die Mitarbeiterinnen dazu ermutigen, über ihre berufliche Entwicklung nachzudenken und Ziele zu setzen. Beispielsweise auf dem Ansatz „Stärken stärken".

Die aufgeführten Punkte sollen als Gedankenanstöße dienen und sind nicht vollständig. Es gibt sicher noch viel mehr Möglichkeiten die Grundprinzipien im HR-Alltag zu integrieren.

Werden Sie kreativ und vor allem aktiv!

3.5 Prozess eines systemischen Business Coachings

Sie kennen nun die Grundlagen, Prinzipien und Grundsätze eines systemischen Coachings. Jetzt möchte ich noch auf den Prozess selbst eingehen, bei dem die Coachin eng mit der Klientin bzw. den Klientinnen (z. B. Teamcoachings) zusammenarbeitet. Dieser Prozess zieht sich meist über einen längeren Zeitraum, erfahrungsgemäß 2–4 Monate und punktuell auch noch nach der intensiven Coaching-Zeit.

▶ **SMART-Kriterien**

- *S pezifisch*
- *M essbar*
- *A akzeptiert, anspruchsvoll*
- *R ealistisch, realisierbar*
- *T erminiert*

Die Ablaufstruktur kann in 5 Phasen unterteilt werden:

1. **Phase – Erstkontakt & Kontrakt**
   - Die Erwartungen und Vorstellung der Beteiligten werden geklärt
   - Der Coachingablauf wird erklärt und die Rollen definiert
   - Das Thema und der Veränderungswunsch werden visualisiert
2. **Phase – Thema – & Zielklärung**
   - Der sogenannte „Ist-Zustand" wird im Kontext des Themas systemisch visualisiert (Abb. 3.1)
   - Die Klientin legt ihr Ziel nach den SMART-Kriterien fest
   - Die Zielerreichungsmerkmale werden verschriftlicht und skaliert
   - Die wichtigsten (3–5) Zielerreichungsmerkmale werden identifiziert

3. **Phase – Ressourcenidentifikation**
   - Die Coachin bildet eine Hypothese, um die, für das Ziel relevante, Ressourcen zu ermitteln
   - Die Klientin identifiziert, begleitet durch die Coachin, ihre Ressourcen
4. **Phase – Identifikation von Handlungsoptionen**
   - Es werden Handlungsalternativen entwickelt und sich für geeignete entschieden
   - Die Handlungsoptionen werden nach den SMART-Kriterien abgeglichen
   - Die einzelnen Maßnahmen werden einer Risikoanalyse unterzogen
   - Die Maßnahmen werden mit allen Zielerreichungsmerkmalen abgeglichen
5. **Phase – Controlling**
   - Der gesamte Coaching-Prozess wird zusammengefasst und gemeinsam bewertet
   - Es besteht die Möglichkeit, dass sich weitere Handlungsfelder herauskristallisieren

Die Klientin bestimmt selbst, wann sie keine weitere Unterstützung benötigt. Das bedeutet, dass die Verwirklichung des Coaching-Ziels durchaus noch in der Zukunft liegen kann. Im Zusammenhang mit ihrem Anliegen geht die Coachin davon aus, dass sie in der Lage ist, eigenständige Entscheidungen zu treffen; Stichwort: Handlungsfähigkeit und Selbstwirksamkeit.

Exkurs: Zielerreichungsmerkmale.
Zielerreichungsmerkmale, kurz ZEM, im systemischen Coaching beziehen sich auf die Indikatoren oder Kriterien, die darauf hinweisen, dass ein Coaching-Prozess erfolgreich ist und die gesetzten Ziele erreicht werden. Dabei werden alle im System vorkommenden Personen etc. berücksichtigt.
   Beispiel: Die Klientin ist mit dem Ziel reingekommen, dass sie weniger arbeiten möchte, um mehr Zeit mit ihrer Familie zu haben.

- *Nach der Systemlegung hat sie ein Ziel nach den SMART-Kriterien definiert:*
- *„Ich möchte jeden Freitag mit meinem Sohn zum Kunstunterricht gehen."*
- *Coachin fragt: „Woran merkt deine Führungskraft, dass du dein Ziel erreicht hast?"*
- *Klientin: „Daran, dass ich freitags um 12:00 Uhr Feierabend mache."*

3.6 Die Rolle der Coachin

„Ich weiß, dass ich nichts weiß." Sokrates' Aussage stellt keine absolute Unwissenheit dar, sondern hinterfragt das vermeintliche Wissen. Diese Haltung dient als Grundlage für systemisches Coaching.

Eine Coachin verschreibt keine Lösungen wie Ärztinnen Medikamente. Die Rolle der Coachin liegt darin, dass sie gemeinsam mit der Klientin Wege erarbeitet und sie befähigt ihre Ziele zu erreichen, indem sie sie mit ihrer Expertise begleitet.

Die Haltung der Coachin, geprägt von Respekt, Offenheit und Allparteilichkeit, beeinflusst maßgeblich den Erfolg der Coaching-Session und die Beziehung zur Klientin.

Die Coachin agiert nicht als Expertin für das zu bearbeitende Thema und übernimmt auch nicht die Verantwortung für die Entscheidung ihres Gegenübers. Stattdessen ist sie eine unterstützende Prozess- und Lösungsbegleiterin für die definierten Ziele, hilft dabei Herausforderungen zu bewältigen und fördert persönliche Entwicklung, mittels verschiedener Tools.

3.7 Gefahren der toxischen Positivität im Coaching

Oft werden Coaches mit Always-Positive-Gurvis (weibliche Form von Guru) gleichgesetzt. Allerding muss hier differenziert werden! Die Idee der Positivität im Coaching ist zweifelsohne eine Kraftquelle, die das Potenzial hat, Veränderungen zu bewirken und persönliches Wachstum zu fördern. Ein gutes Beispiel ist hier die positive Psychologie. Sie hat in den letzten Jahren an Popularität gewonnen. Viele Coaches setzen auf einen optimistischen Ansatz, um ihre Klientinnen zu unterstützen. Doch während eine gesunde Dosis Positivität durchaus förderlich sein kann, sollte sie nicht in die Falle der toxischen Positivität locken.

Toxische Positivität bezieht sich auf eine übertriebene und unrealistische Fokussierung auf positive Aspekte, während negative oder „schwierige" Emotionen ignoriert und/ oder unterdrückt werden. Dieser Ansatz lehnt nicht nur echte emotionale Reaktionen ab, sondern kann auch als ungesund angesehen werden, da er reelle Gefühle wie Traurigkeit, Furcht oder Angst entkräftet und suggeriert, dass jegliche Formen von negativen Gefühlen von Natur aus falsch sind. Durch das Ignorieren negativer Emotionen wird die Entwicklung von Bewältigungsmechanismen behindert, die für emotionale Widerstandsfähigkeit und psychische Gesundheit notwendig sind.

Toxische Positivität kann verschiedene Anzeichen aufweisen, die darauf hinweisen, dass der Umgang mit negativen Emotionen auf eine ungesunde Weise erfolgt.

- **Just be positive:** Sätze wie „Sei einfach positiv!", „Das spielt sich nur in deinem Kopf ab!" oder „Es könnte schlimmer sein!", die die legitimen Erfahrungen und Gefühle einer Person herunterspielen.
- **Hurt people hurt people:** Das Gefühl, falsch oder schuldig zu sein, weil man traurig, wütend oder enttäuscht ist. Toxische Positivität kann dazu führen, dass sich Menschen schlecht fühlen, wenn sie nicht ständig glücklich sind.
- **Have an attitude of gratitude:** Das Verbergen von echten Emotionen. Man gibt vor, dass alles in Ordnung oder man glücklich ist, auch wenn das nicht der Fall ist. Oft geschieht das, um gesellschaftlichen Erwartungen oder der Idee einer konstanten positiven Einstellung zu entsprechen.
- **Good Vibes Only:** Die Tendenz, eine übermäßig positive Sichtweise auf alle Situationen anzuwenden, auch wenn sie unangemessen oder schädlich ist.

- **What doesn't kill you makes you stronger:** Die Neigung, den Schmerz oder das Leid anderer herunterzuspielen, indem man oberflächliche positive Ratschläge gibt, ohne die tatsächlichen Herausforderungen zu berücksichtigen.

Diese überspitzte Art der Positivität kann auch im Coaching unzuträglich sein und den eigentlichen Zweck, nämlich authentisches Wachstum, behindern. Lassen Sie uns einen genaueren Blick darauf werfen, warum toxische Positivität vermieden werden sollte.

1. **Verleugnung von Realität:** Toxische Positivität neigt dazu, negative Emotionen und Herausforderungen zu leugnen oder zu minimieren. Eine Verleugnung der Realität kann dazu führen, dass Klientinnen ihre wahren Gefühle ignorieren, anstatt sich mit ihnen auseinanderzusetzen. Authentisches Wachstum erfordert jedoch, dass man seine Herausforderungen annimmt, anstatt sie zu umgehen.
2. **Mangelnde Authentizität:** Echte Veränderung basiert auf Authentizität. Wenn Klientinnen ermutigt werden, immerzu nur positive Gefühle zu zeigen, werden sie höchstwahrscheinlich dazu neigen, ihre wahren Emotionen zu verbergen.
3. **Gefahr der Selbsttäuschung:** Toxische Positivität kann dazu führen, dass Menschen sich selbst täuschen. Konzentriert man sich immer nur auf positive Gedanken, geht der Bezug zur Realität verloren. Selbsttäuschung kann über einen längeren Zeitraum zu Enttäuschung und Frustration führen, wenn die erwarteten positiven Ergebnisse ausbleiben.
4. **Verpassen von Lernmöglichkeiten:** Negative Erfahrungen und Emotionen sind manchmal ziemlich gute Lehrerinnen. Werden diese jedoch durch durchgehend unterdrückt, verpassen Klientinnen wertvolle Lernmöglichkeiten. Für persönliches und authentisches Wachstum ist das Erkennen und Bewältigen von Herausforderungen ein entscheidender Schritt in der Entwicklung.
5. **Druck zur Scheinperfektion:** Toxische Positivität erzeugt einen unnötigen Druck, immer perfekt und positiv zu handeln. Das Streben nach Perfektion kann zu Angst, Stress und auch zum Burnout führen.

Wirkungsvolle Coachings sollten eine ausgewogene und realistische Perspektive auf Ziele fördern. Der Fokus liegt drauf Klientinnen zu helfen, ihre Emotionen zu verstehen, zu akzeptieren und konstruktiv damit umzugehen. Wichtig: Authentische Positivität, die auf einem fundierten Verständnis der Realität basiert, ermöglicht nachhaltiges Wachstum und persönliche Entwicklung.

Unternehmen und toxische Positivität
HR-Verantwortliche sollten sich der Existenz und Auswirkungen toxischer Positivität bewusst sein, da sie auch eine negative Wirkung auf das Arbeitsumfeld und die Mitarbeiterinnen haben kann.

Wird eine radikale Positivität in der Unternehmenskultur verankert, führt eine Führungskraft nach diesem Ansatz oder verhält sich eine Kollegin nach diesem Muster, kann die Reaktion darauf sein, dass Mitarbeiterinnen ihre legitimen negativen Emotionen unterdrücken, um nicht negativ aufzufallen. Die Verankerungen kann andersherum auch dazu führen, dass Mitarbeiterinnen das Gefühl haben, dass die Führungsebene ihre Emotionen, Sorgen und Bedenken nicht ernst nimmt. In beiden Szenarien kann beispielsweise eine (innere) Kündigung die Folge sein.

Die konstante Betonung von positiven Betrachtungsweisen kann außerdem dazu führen, dass echte Probleme oder Herausforderungen ignoriert werden, weil Mitarbeiterinnen sich nicht trauen, negative Aspekte anzusprechen. Das betrifft auch Konflikte innerhalb von Teams, die dann allenfalls gar nicht erst an die Oberfläche gelangen und daher ungelöste Spannungen und Unstimmigkeiten die Teamdynamik nachteilig beeinträchtigen.

Die Befürchtung ist, dass eine übertriebene Positivität zu einem ungesunden Arbeitsumfeld führt, indem Mitarbeiterinnen ihre wahren Gefühle und Herausforderungen verbergen. Die Organisationskultur wird maßgeblich von den Werten und Einstellungen der Mitarbeiterinnen beeinflusst. Toxische Positivität birgt die Gefahr einer oberflächlichen Kultur, die negative Aspekte ignoriert und nicht toleriert und so zum Beispiel Fluktuation oder Burnouts begünstigt. Ich möchte dieses Thema mit einem Impuls in Form eines Zitates von der Journalistin Anna Maas, in dem ZEIT-Artikel Nie wieder #goodvibesonly von Nina Faecke[3], beenden: „Gute Laune ist gesund – aber Zwangsoptimismus ist ein Gift." (Anna Maas, 2021).

Exkurs: Emotionalität im Coaching

Dieses Thema kommt oft leider viel zu kurz, deshalb möchte ich es wenigstens in diesem Buch kurz erwähnen. Die emotionale Dimension spielt natürlich eine Rolle im Coaching, da sie den gesamten Prozess maßgeblich beeinflusst. Coaching zielt nämlich nicht ausschließlich darauf ab, Ziele zu erreichen oder Fähigkeiten zu verbessern, sondern zahlt auch darauf ein, emotionale Hürden zu überwinden und persönliches Wachstum zu fördern.

Die Aufgabe der Coachin ist es, einen geschützten Raum zu etablieren, in dem Klientinnen ihre Gefühle frei und ohne Scham ausdrücken können. Dadurch kann es passieren, dass tieferliegende Emotionen erkundet werden, die oft mit den erlebten Herausforderungen, Zielen oder Veränderungen verbunden sind. Kommen diese Gefühle an die Oberfläche, können neue Einsichten gewonnen werden, die den Weg zu positiven Veränderungen ebnen.

Mir ist es wichtig zu betonen, dass das Ziel nicht darin besteht, Emotionen einfach zu kontrollieren oder zu unterdrücken, sondern vielmehr darin, sie zu verstehen, anzunehmen und konstruktiv damit umzugehen. Eine Coachin unterstützt die Klientin dabei, eine gesunde Balance zwischen Rationalität und Emotionalität zu finden, um fundierte Entscheidungen zu treffen und persönliche Herausforderungen zu bewältigen.

---

[3] Weblink: https://www.zeit.de/hamburg/2021-06/toxic-positivity-die-happiness-luege-anna-maas-positives-denken.

3.8 Probleme und Herausforderungen

Immer wieder wird betont, wie wichtig es ist, Probleme als Herausforderungen zu betrachten. Bloß nicht das böse P-Wort nutzen.

Wir werden ermutigt, sie als Chancen zum Wachsen und Lernen zu sehen. Während diese Perspektive definitiv oft ihre Vorteile hat, ist es auch wichtig anzuerkennen, dass nicht jedes Problem eine versteckte Gelegenheit birgt.

Manchmal sind Probleme einfach nur das: Probleme. Ja, sie können frustrierend, stressig oder entmutigend sein- und Spoiler: Das ist völlig normal!

Es ist wichtig, Platz für unsere Gefühle zu schaffen. Ohne uns Druck zu machen, sofort nach der positiven Wandlung zu suchen. Manchmal ist es auch echt okay zu sagen: „Das ist ein Problem, und es ist völlig in Ordnung, deswegen frustriert zu sein."

Ich finde es sehr wichtig, dass man aufhört sich selbst unter Druck zu setzen, immer die positiven Seiten zu sehen oder sofort nach Lösungen zu suchen. Es ist menschlich, sich von Problemen überwältigt zu fühlen. Akzeptiert man das, kann man erfahrungsgemäß besser mit ihnen umgehen und realistische Erwartungen setzen.

Das heißt nicht, dass ich keine Freundin davon bin, Herausforderungen als Chancen zu betrachten und konstruktiv mir ihnen umgehe. Mir ist es nur ein Anliegen, dass man zwischen einem Problem und einer Herausforderung unterscheidet.

3.9 Wirklichkeitskonstruktion

Die Theorie der Wirklichkeitskonstruktion basiert auf dem sozialen Konstruktivismus. Dieser Ansatz besagt, dass Wissen und Realität durch soziale Einflüsse geformt werden. Menschen erschaffen aktiv ihre eigene Realität, beeinflusst von Erfahrungen, sozialen Interaktionen, Kultur und individuellen Interpretationen. Der soziale Konstruktivismus wurde von verschiedenen Denkrichtungen beeinflusst, darunter der Pragmatismus, die phänomenologische Philosophie sowie die sozialen Theorien von George Herbert Mead und Lev Vygotsky.

Wirklichkeitskonstruktionen sind also die persönlichen Brillen, die wir aufsetzen, um die Welt um uns herum zu sehen. Sie repräsentieren die einzigartige Art und Weise, wie wir Informationen, Erfahrungen und Überzeugungen filtern, um unsere eigene Realität zu formen. Jede von uns hat ihre individuelle Linse, die die Welt fokussiert und gestaltet – das ist unsere persönliche Wirklichkeitskonstruktion.

3.9.1 Wirklichkeitskonstruktion in zwischenmenschlichen Beziehungen

Die Wirklichkeitskonstruktion im Zwischenmenschlichen bezieht sich auf die Art und Weise, wie Menschen ihre Realität durch soziale Interaktionen und Beziehungen konstruieren. Es ist ein Konzept, das darauf abzielt, zu erklären, wie individuelle Wahrnehmungen, Interpretationen und Erfahrungen durch zwischenmenschliche Interaktionen geformt werden.

Grundlegend geht es darum, wie Menschen gemeinsam Bedeutungen erschaffen und teilen. Vor allem geschieht das durch verbale und nonverbale Kommunikation, die Interpretation von Handlungen, Gesten, Sprache und anderen sozialen Signalen.

Die Sozialkonstruktivistische Theorie betont, dass Realität nicht objektiv existiert, sondern dass sie durch soziale Interaktionen konstruiert wird. Menschen interpretieren Ereignisse und Situationen aufgrund ihrer eigenen Erfahrungen, Werte, Überzeugungen und sozialen Kontexte. Diese Interpretationen werden dann in sozialen Interaktionen ausgedrückt und geformt.

Im Zwischenmenschlichen kann die Wirklichkeitskonstruktion von verschiedenen Faktoren beeinflusst werden, darunter kulturelle Unterschiede, soziale Normen, persönliche Erfahrungen und individuelle Perspektiven. Diese Faktoren beeinflussen, wie Menschen die Welt um sich herum verstehen und wie sie miteinander interagieren.

In sozialen Interaktionen handeln Menschen ihre Wirklichkeiten miteinander aus, während sie kommunizieren, sich austauschen und versuchen, gemeinsame Bedeutungen zu schaffen. Diese Konstruktion von Realität in zwischenmenschlichen Beziehungen ist dynamisch und kann sich im Laufe der Zeit verändern, da neue Erfahrungen gemacht werden und neue Informationen auftauchen.

Somit spielt die Wirklichkeitskonstruktion im Zwischenmenschlichen eine bedeutende Rolle in der Psychologie, der Soziologie und anderen Bereichen der Sozialwissenschaften, da sie hilft zu verstehen, wie Menschen miteinander interagieren, kommunizieren und Bedeutungen schaffen.

3.9.2 Warum ist das wichtig, die Wirklichkeitskonstruktion im Coaching zu beachten?

Es spielt eine bedeutende Rolle, in Coaching-Prozessen die individuellen Wirklichkeitskonstruktionen zu berücksichtigen, da sie das feste Fundament darstellen, auf dem die Wahrnehmung, Interpretation und Reaktion einer Person auf Ereignisse aufbauen.

Einige Gründe, die das unterstreichen:

1. **Individuelle Perspektiven:** Jede Person bringt ihre eigene Realität mit, die ihre Sicht auf Herausforderungen, Ziele und Lösungen prägt. Das Verständnis dieser individuellen Wirklichkeitskonstruktion ermöglicht es der Coachin, effektivere Ansätze zu finden, die auf die spezifischen Bedürfnisse und Perspektiven zugeschnitten sind.
2. **Begrenzende Überzeugungen überwinden:** Oftmals sind begrenzende Überzeugungen oder Denkmuster das Ergebnis individueller Wirklichkeitskonstruktionen. Durch das Bewusstmachen und Bearbeiten solcher Überzeugungen können im Coaching neue Perspektiven erschlossen und Blockaden überwunden werden.
3. **Kommunikation und Verbindung:** Eine Coachin, die sich der Wirklichkeitskonstruktionen bewusst ist, kann effektiver kommunizieren und eine tiefere Verbindung mit ihrer Klientin herstellen. Eine feinere Abstimmung auf die Bedürfnisse der Klientin werden so ermöglicht und fördern eine vertrauensvolle Beziehung.
4. **Flexibilität und Veränderung:** Indem man sich der eigenen Wirklichkeitskonstruktion bewusst wird, kann man auch flexibler gegenüber alternativen Sichtweisen und Veränderungen sein. Im Coaching unterstützt dieser Ansatz die Klientin dabei, neue Wege zu erkunden und anzunehmen, um ihre Ziele zu erreichen.
5. **Empathie und Verständnis:** Ein tieferes Verständnis für die individuellen Wirklichkeitskonstruktionen ermöglicht es der Coachin, empathischer zu sein und ihre Klientin besser zu verstehen. Dies fördert eine unterstützende Umgebung für den Veränderungsprozess.

3.9.3 Warum ist die Berücksichtigung der Wirklichkeitskonstruktion im HR-Alltag hilfreich?

Im täglichen Arbeitsleben im Personalwesen ist es wertvoll, die persönlichen Wirklichkeitsvorstellungen der Mitarbeiterinnen zu beachten. Die Erkenntnis trägt dazu bei, eine effektive Personalentwicklung zu fördern, Konflikte reibungslos zu lösen und eine mitziehende Unternehmenskultur zu schaffen.

Ein tieferes Verständnis der Wirklichkeitskonstruktionen ermöglicht es uns HR-Professionals, maßgeschneiderte Entwicklungsprogramme zu gestalten, die die individuellen Perspektiven und Bedürfnisse der Mitarbeiterinnen berücksichtigen. So wird nicht nur ihr berufliches Wachstum gefördert, sondern auch ihre Bindung an das Unternehmen gestärkt.

Konflikte am Arbeitsplatz können oft auf unterschiedliche Wahrnehmungen zurückzuführen sein. Sind HR-Verantwortliche sich über die vielfältigen Wirklichkeitskonstruktionen bewusst, können sie dazu beitragen, Konflikte zu lösen und eine kooperative Arbeitsumgebung zu fördern.

Bei dem Recruiting neuer Talente kann das Verständnis für individuelle Wirklichkeitskonstruktionen ebenfalls entscheidend sein. Berücksichtigen HR-Expertinnen die Werte und Erwartungen potenzieller Mitarbeiterinnen, können sie beispielsweise gezieltere Recruiting-Strategien entwickeln, um die passende Zielgruppe anzuziehen.

Die Gestaltung einer Unternehmenskultur, die Vielfalt, Inklusion und persönliches Wachstum unterstützt, kann unter anderem von einem Verständnis für die Wirklichkeitskonstruktionen der Mitarbeiterinnen abhängen. HR-Profis können hierbei gezielt auf individuelle Bedürfnisse eingehen und eine Umgebung schaffen, die zur Entfaltung aller beiträgt. Bitte beachten: Immer mit dem Blick auf die Fairness im Team!

Zusätzlich ermöglicht das Verständnis individueller Wirklichkeitskonstruktionen eine verbesserte interne Kommunikation. HR-Professionals können ihre Kommunikationsstrategien anpassen, um sicherzustellen, dass Informationen besser verstanden und akzeptiert werden – ein entscheidender Faktor für ein effektives Arbeitsumfeld.

Insgesamt ermöglicht die Berücksichtigung von Wirklichkeitskonstruktionen im HR-Alltag eine personalisierte und zielgerichtete Herangehensweise an Personalmanagement, Mitarbeiterinnenbindung und Unternehmenskultur. Dies schafft eine deutlich produktivere und zufriedenere Belegschaft.

Werkzeugkoffer 4

Es ist so weit! Herzlich willkommen im Herzstück dieses Buches, in dem wir uns auf die Reise begeben, erprobte Coaching-Tools und clevere Hacks zu entdecken und Ihren Werkzeugkoffer zu füllen.

Als HR-Verantwortliche wissen wir nur allzu gut, dass motivierte und zufriedene Mitarbeiterinnen das wahre Kapital eines Unternehmens darstellen. Und genau hier setzen wir an. In dem folgenden Kapitel werden Sie nicht nur bewährte Coachingtools kennenlernen, sondern auch praktische Ansätze finden, die Ihre alltägliche Arbeit auf ein neues Level heben können.

Bitte behalten Sie im Hinterkopf, wenn hier die Rede von Mitarbeiterinnen oder Teammitgliedern ist, sind damit alle Mitarbeiterinnen eines Unternehmens gemeint, auch Führungskräfte.

Lassen Sie uns nun endlich starten und Ihren Werkzeugkoffer füllen!

4.1 Die Entscheidungsmünze

Der gute alte Münzwurf ist ein pfiffiges Tool und wird gern verwendet, um Menschen in Momenten der Entscheidungsstarre aus dem Dilemma zu helfen. Oft haben wir mit Mitarbeiterinnen zu tun die sich fragen: „Soll ich oder soll ich nicht?".

Mit folgenden Schritten helfen Sie dabei mit der Münze Entscheidungen zu finden

1. **Vorbereitung:** Sie geben dem Mitarbeiterinnen z. B. eine Euro-Münze und bezeichnen jede Seite mit einer Entscheidungsoption. Beispielsweise könnte die eine Seite „Ja" und die andere „Nein" lauten.
2. **Formulierung der Frage:** Der Mitarbeiterinnen formuliert die Frage, vor der er/sie steht, in klarer und präziser Weise. Zum Beispiel: „Soll ich den Weg als Fachkraft einschlagen?" oder „Soll ich die Position als Führungskraft an einem anderen Standort annehmen?"
3. **Wurf der Münze:** Der Mitarbeiterinnen wirft die Münze in die Luft und lässt sie auf den Boden fallen. Während die Münze in der Luft ist, kann die Person in Gedanken kurz feststellen, welche Seite sie sich erhofft, die die Münze zeigt.
4. **Interpretation des Ergebnisses:** Nachdem die Münze gelandet ist und eine Seite zeigt, kann die Person über ihre Reaktion auf das Ergebnis nachdenken. Ist da Enttäuschung oder doch Erleichterung? Das aufkommende Gefühl kann darauf hinweisen, wie die Gefühlslage tatsächlich ist und was der Mitarbeiterinnen sich wünscht. Diese Methodik kann der Person helfen, die eigenen Präferenzen und Gefühle besser zu verstehen. Haken Sie hier gerne mit einer Frage nach: „Wie fühlt sich das Ergebnis für Sie an?".

Es ist wichtig zu beachten, dass die Entscheidungsmünze in erster Linie als ein Werkzeug zur Selbstreflexion dient. Das Ergebnis des Münzwurfs allein sollte nicht als die endgültige Entscheidung betrachtet werden. Stattdessen kann es der Person helfen, ihre Tendenz und ihre inneren Vorlieben zu erkennen, die ihr bei der endgültigen Entscheidungsfindung helfen können. Uns (als HR-Ansprechpartnerin) kann dieser Vorgang auch dabei unterstützen, die inneren Vorlieben und Gefühle der Mitarbeiterinnen besser zu verstehen und in den Entscheidungsprozess einzubeziehen.

In diesen Situationen ist die Anwendung sinnvoll

- *Personalentwicklung:* In der Zusammenarbeit mit Mitarbeiterinnen, die sich für eine Beförderung bewerben oder eine in Betracht ziehen, kann die Entscheidungsmünze als Hilfsmittel verwendet werden, um den Mitarbeiterinnen bei der Klärung der eigenen Präferenzen und Gefühle zu helfen. Sie kann dazu beitragen, die Frage „Soll ich die Beförderung annehmen?" zu beantworten.
- *Berufliche Neuorientierung:* Manchmal stehen Mitarbeiterinnen vor der Entscheidung, ihre berufliche Laufbahn in eine neue Richtung zu lenken oder ziehen eine berufliche Neuorientierung in Betracht. Hier kann die Entscheidungsmünze helfen, die Selbstreflexion zu fördern und den Mitarbeiterinnen dabei unterstützen, sich über die wahren Wünsche klar zu werden.

- *Weiterbildungs- und Schulungsprogramme:* „Ich kann mich einfach nicht entscheiden!", wenn Mitarbeiterinnen vor der Wahl von Schulungs- oder Weiterbildungsmöglichkeiten stehen, kann die Entscheidungsmünze dazu beitragen, ihre eigenen Interessen und Prioritäten zu klären.
- *Konfliktlösung:* In Fällen, in denen Mitarbeiterinnen oder Teams bei der Lösung eines Konflikts oder bei der Entscheidungsfindung in einer Angelegenheit nicht weiterkommen, kann die Entscheidungsmünze dazu beitragen, einen Weg nach vorne zu finden.
- *Recruiting:* Sie können ihren zögerlichen Managerinnen, welchen die Entscheidung zwischen zwei Bewerberinnen schwerfällt, empfehlen die Methodik der Entscheidungsmünze für sich zu nutzen.

4.2 Das ABCDE-Modell

Stellen Sie sich vor, Sie sind die Kapitänin eines Unternehmensschiffs, das durch die Wellen der zwischenmenschlichen Beziehungen segelt. Sie können das ABCDE-Modell als Ihr persönliches Navigationssystem sehen. Dieses Modell gibt es in der Medizin, aber auch in der Psychologie und Kommunikation. Sie können dieses, an Albert Ellis' ABC-Modell angelehnte, Tool als strukturierten Ansatz verwenden, um effektiv auf verschiedene Situationen im Arbeitsumfeld zu reagieren.

Wie Sie das Modell als persönlichen Kompass nutzen können

- **A wie Assess (Einschätzen):** Beurteilung der Situationen, die aufgetreten sind oder auftreten könnten. Beispielsweise könnte das Konflikte zwischen Mitarbeiterinnen, Leistungsprobleme, zwischenmenschliche Spannungen oder andere personalbezogene Angelegenheiten umfassen.
- **B wie Be aware (Bewusstsein):** Sensibilisierung für die Gefühle, Bedenken und Perspektiven der beteiligten Mitarbeiterinnen. Hier ist Empathie und Verständnis für die individuellen Bedürfnisse der Mitarbeiterinnen gefordert.
- **C wie Communicate (Kommunizieren):** Klare und unterstützende Kommunikation mit den betroffenen Personen. Das kann bedeuten, offene Gespräche zu führen, um die Ursachen von Konflikten zu verstehen, Feedback zu geben oder auf Anfragen und Bedenken der Mitarbeiterinnen zu reagieren.
- **D wie Develop a plan (Einen Plan entwickeln):** Entwicklung eines Plans zur Bewältigung der Situation. Umfassen kann das die Festlegung von Maßnahmen zur Konfliktlösung, zur Mitarbeiterinnenentwicklung oder zur Verbesserung der Arbeitsbedingungen.
- **E wie Enforce (Umsetzen):** Die Ein- bzw. Umsetzung des Plans, um Unterstützung und Hilfe anzubieten. Dieses könnte Schulungen, Coaching, Mediationen oder andere

Maßnahmen einschließen, die darauf abzielen, positive Veränderungen im Arbeitsumfeld herbeizuführen.

In diesen Situationen ist die Anwendung sinnvoll

- *Leistungsmanagement:*
  - *Wann:* Bei Leistungsabfall oder Auffälligkeiten einer Mitarbeiterin.
  - *Wie: (bitte immer gemeinsam mit der Führungskraft)*

    Assess (Einschätzen): Analysieren Sie die Gründe für den Leistungsabfall. Handelt es sich um mangelnde Ressourcen, fehlende Schulungen oder persönliche Herausforderungen?

    Be aware (Bewusstsein): Verstehen Sie die Perspektive der Mitarbeiterin. Gibt es persönliche oder berufliche Faktoren, die sich auf die Leistung auswirken?

    Communicate (Kommunizieren): Führen Sie klare Gespräche mit der Arbeitnehmerin, um die Gründe zu verstehen und Erwartungen zu klären.

    Develop a plan (Einen Plan entwickeln): Erstellen Sie gemeinsam mit der Mitarbeiterin einen Entwicklungsplan, der klare Ziele und Maßnahmen zur Verbesserung festlegt.

    Enforce (Durchsetzen): Unterstütze Sie die Arbeitnehmerin aktiv bei der Umsetzung mittels passender Maßnahmen (z. B. Coaching oder Mentoring)

- *Konfliktmanagement:*
  - *Wann:* Bei Konflikten zwischen Mitarbeiterinnen oder Teams.
  - *Wie:*

    Assess (Einschätzen): Analysieren Sie die Ursachen des Konflikts und identifiziere die betroffenen Parteien.

    Be aware (Bewusstsein): Achten Sie auf die Gefühle und Perspektiven der Konfliktparteien.

    Communicate (Kommunizieren): Fördern Sie offene Kommunikation zwischen den Beteiligten, um Missverständnisse zu klären.

    Develop a plan (Einen Plan entwickeln): Arbeiten Sie gemeinsam an Lösungen und unterstützen Sie bei der Entwicklung eines Konfliktlösungsplan.

    Enforce (Durchsetzen): Behalten Sie die Fortschritte des entwickelten Plans im Blick. Bieten Sie bei Bedarf Mediation (gerne extern) oder weitere Unterstützung an.

- *Change-Management:*
  - *Wann:* Bei organisatorischen Veränderungen oder Umstrukturierungen.
  - *Wie:*

    Assess (Einschätzen): Analysieren Sie die Auswirkungen der Veränderung auf die Arbeitnehmerinnen.

    Be aware (Bewusstsein): Verstehe die Emotionen und Bedenken der Mitarbeiterinnen während des Veränderungsprozesses.

Communicate (Kommunizieren): Stellen Sie klare und transparente Kommunikation sicher, um Unsicherheiten zu minimieren.

Develop a plan (Einen Plan entwickeln): Entwickeln Sie einen klaren Plan für die Umsetzung der Veränderung und für die Unterstützung der Teammitglieder.

Enforce (Durchsetzen): Setzen Sie den Veränderungsplan mit den zuständigen Führungskräften um und bieten Sie kontinuierliche Unterstützung und Ressourcen an.

Das ABCDE-Modell bietet eine systematische Vorgehensweise, um verschiedene Herausforderungen im HR-Alltag zu bewältigen. Es fördert eine strukturierte, empathische und lösungsorientierte Herangehensweise, um positive Ergebnisse in HR-Situationen zu erzielen.

4.3 Die Metaphernarbeit

Die Verwendung von Metaphern, die die tatsächliche Situation repräsentieren, macht schwierige Gespräche leichter und verleiht ihnen eine humorvolle Note. Sie können dazu beitragen, komplexe Konzepte zu veranschaulichen, den Kommunikationsprozess zu erleichtern und eine tiefere Verbindung zwischen Ihnen und den Mitarbeiterinnen herzustellen. Ich möchte Ihnen gleich anhand eines ausführlichen Beispiels zeigen, wie man mit einer Metapher ein Verständnis für die Wichtigkeit von Mitarbeiterinnenbindung schaffen kann.

> **Fallbeispiel: Metapher: Der Garten der Zusammenarbeit**
> *Ein Unternehmen gleicht einem Blumengarten:*
> Sie können die Unternehmenskultur als einen blühenden Garten darstellen, in dem jede Mitarbeiterin eine einzigartige Blume repräsentiert. Die verschiedenen Blumen repräsentieren die Vielfalt der Mitarbeiterinnen mit unterschiedlichen Fähigkeiten, Hintergründen und Perspektiven. Die Pflege des Gartens symbolisiert die Bemühungen des Unternehmens um Mitarbeiterinnenbindung und die Schaffung einer positiven Arbeitsumgebung.
>
> - *Analogie:* Jede Blume ist wichtig für die Schönheit des Gartens, genauso wie jedes Teammitglied einen wertvollen Beitrag zur Unternehmenskultur leistet. Die gemeinsame Pflege des Gartens spiegelt die Verantwortung aller Mitarbeiterinnen und Führungskräfte wider, eine positive Arbeitsumgebung zu schaffen.

- *Gießen und Düngen:* Wie Pflanzen Wasser und Nährstoffe benötigen, benötigen Mitarbeiterinnen Anerkennung, Wachstumschancen und unterstützende Ressourcen. Sie können Mitarbeiterinnenentwicklung, Anerkennung und Wohlbefinden als „Gießen und Düngen" für den Garten beschreiben.
- *Beikrautentfernung:* Negative Elemente oder schlechte Arbeitspraktiken können als Bei – bzw. Unkraut betrachtet werden. HR kann sich darauf konzentrieren, das Unkraut zu entfernen, um sicherzustellen, dass der Garten gesund bleibt. Das könnte zum beispielsweise die Identifizierung und Lösung von Konflikten oder problematischen Verhaltensweisen am Arbeitsplatz beinhalten.
- *Blütenpflege:* Die Förderung von Wachstum und Entwicklung kann als die Pflege blühender Blumen betrachtet werden. HR kann Schulungen, Mentoring und Karriereentwicklung als Werkzeuge darstellen, um die Blüten im Garten der Zusammenarbeit zu pflegen.

Diese Metapher ermöglicht es HR, Mitarbeiterinnenbindung und Unternehmenskultur auf eine bildhafte und leicht verständliche Weise zu kommunizieren. Sie schafft eine emotionale Verbindung zu den Mitarbeiterinnen und unterstützt die Botschaft, dass jedes Individuum wichtig ist und gemeinsam ein blühendes Arbeitsumfeld geschaffen werden kann.

Manchmal ist er gar nicht so einfach, die passende Metapher zu finden. Deshalb habe ich im Folgenden einige Impulse aufgelistet:

Die Natur von Konflikten verdeutlichen

- **Vulkan kurz vor dem Ausbruch:**
  - Ein unter der Oberfläche brodelnder Konflikt, der jederzeit eskalieren könnte.
- **Schlangennest:**
  - Ein komplexer Konflikt mit vielen miteinander verflochtenen Problemen und Beteiligten.
- **Spitze des Eisbergs:**
  - Nur ein kleiner Teil des Konflikts ist sichtbar, während die eigentlichen Ursachen und Auswirkungen unter der Oberfläche verborgen bleiben.
- **Blindes Huhn im Kornfeld:**
  - Ein Konflikt, der durch mangelnde Information oder falsche Annahmen entsteht.
- **Puzzle mit fehlendem Teil:**
  - Ein Konflikt, bei dem wichtige Informationen oder Lösungen fehlen, um das Gesamtbild zu verstehen.

- **Tanz auf dem Vulkan:**
  - Eine Situation, in der Konflikte und Spannungen ständig präsent sind und jede falsche Bewegung zu einem Ausbruch führen könnte.
- **Schatten auf der Sonnenseite:**
  - Ein Konflikt, der positive Entwicklungen und Erfolge überschattet und das Arbeitsklima beeinträchtigt.

Unternehmenskonzepte verdeutlichen

- **Schiff und Kapitän:**
  - Die Führungskraft als Kapitänin, die das Unternehmen durch stürmische Gewässer lenkt.
  - Die Mannschaft als Teammitglieder, die zusammenarbeiten, um das Ziel zu erreichen.
- **Garten und Wachstum:**
  - Das Unternehmen als Garten, der gepflegt werden muss, damit die Ideen wie Pflanzen wachsen können.
  - Die Mitarbeiterinnen als Gärtnerinnen, die sich um die verschiedenen Aspekte des Unternehmens kümmern.
- **Orchester und Dirigentin:**
  - Das Unternehmen als Orchester, in dem jedes Teammitglied ein Instrument spielt.
  - Die Führungskraft als Dirigentin, die die verschiedenen Talente orchestriert, um harmonische Ergebnisse zu erzielen.
- **Sport und Teamspiel:**
  - Das Unternehmen als Sportteam, das gemeinsam spielt, um Siege zu erringen.
  - Jede Mitarbeiterin als Spielerin, die eine bestimmte Rolle spielt, um zum Erfolg des Teams beizutragen.
- **Bergbesteigung:**
  - Die Unternehmensziele als Gipfel, die erreicht werden müssen.
  - Die Mitarbeiterinnen als Bergsteigerinnen, die gemeinsam Hindernisse überwinden, um das Gipfeltreffen zu erreichen.
- **Puzzle:**
  - Das Unternehmen als Puzzle, bei dem jedes Teammitglied ein einzigartiges Teil darstellt.
  - Die Zusammenarbeit der Mitarbeiterinnen als Prozess des Zusammenfügens, um das Gesamtbild zu vervollständigen.
- **Reise und Landkarte:**
  - Die Unternehmensentwicklung als Reise, auf der verschiedene Etappen durchlaufen werden.
  - Die Führungskraft als Navigatorin, die die beste Route plant, um die Unternehmensziele zu erreichen.

- **Schachspiel:**
  - Das Unternehmen als Schachbrett, auf dem strategische Züge gemacht werden, um den Wettbewerb zu schlagen.
  - Die Führungskraft als Schachspielerin, die kluge Entscheidungen trifft, um das Unternehmen voranzubringen.
- **Filmproduktion:**
  - Das Unternehmen als Filmproduktion, bei der jede Mitarbeiterin eine wichtige Rolle spielt.
  - Die Führungskraft als Regisseurin, die die Vision des Unternehmens umsetzt.
- **Wetter und Jahreszeiten:**
  - Die verschiedenen Phasen des Unternehmenslebenszyklus als Wetter oder Jahreszeiten.
  - Die Führungskraft als Meteorologin, der vorhersieht und sich auf Veränderungen vorbereitet.

In diesen Situationen ist die Anwendung sinnvoll

Erklärung von Unternehmenswerten und -zielen:

- Verwenden Sie Metaphern, um die Unternehmenswerte zu verdeutlichen.
- Beispiel: Sie könnten das Unternehmen als ein Schiff darstellen, bei dem jeder Mitarbeiterinnen ein wichtiger Teil der Crew ist, der dazu beiträgt, das Schiff in die gewünschte Richtung zu lenken.

Teambuilding und Zusammenarbeit:

- Nutzen Sie Metaphern, um die Bedeutung von Teamarbeit zu betonen.
- Beispiel: Sie könnten ein Puzzle als Metapher verwenden, um zu verdeutlichen, dass jedes Teammitglied eine einzigartige Rolle hat und dass das Gesamtbild nur dann vollständig ist, wenn alle Teile zusammenpassen.

Führungsentwicklung:

- Gebrauche Metaphern, um Führungskonzepte zu vermitteln.
- Beispiel: Sie könnten die Entwicklung von Führungskräften als sportliche Herausforderung darstellen, bei der verschiedene Etappen und Hindernisse gemeistert werden müssen, um das Endziel zu erreichen.

Kommunikation und Konfliktlösung:

- Nehmen Sie sich Metaphern zur Hilfe Verwende Metaphern, um die Bedeutung klarer Kommunikation zu betonen.

- Beispiel: Eine Metapher könnte sein, dass missverstandene Kommunikation wie ein Spiel von „Stille Post" ist, bei dem die ursprüngliche Botschaft verloren gehen kann.

Talentmanagement und Mitarbeiterinnenentwicklung:

- Nutzen Sie Metaphern, um den Prozess der Mitarbeiterinnenentwicklung zu illustrieren.
- Beispiel: Sie könnten die berufliche Entwicklung als eine Reise mit verschiedenen Stationen darstellen, die jeweils neue Fähigkeiten und Erfahrungen mit sich bringen.

Bitte wählen Sie die Metaphern mit Bedacht und stellen Sie sicher, dass Sie die gewünschten Botschaften klar und positiv übermitteln. Durch die Verwendung von Metaphern können wir als HR-Professional komplexe Themen vereinfachen und Ihnen an manchen Stellen die „Würze" nehmen.

4.4 Die positiven Aspekte erkennen

Vielleicht kennen Sie das auch. Sie haben einfach das Bedürfnis, ein bisschen Seelenstriptease zu betreiben, und plötzlich taucht jemand aus Ihrem inneren Zirkel auf, bewaffnet mit Ratschlägen, die sich anfühlen, als würden sie die Grenze zwischen gut gemeint und leicht bevormundend mit Leichtigkeit überschreiten. Da fällt es einem manchmal schwer, das Gutgemeinte dahinter zu entdecken. Das kennen wir auch im Arbeitsalltag und dann gibt es diese eine Kollegin, mit der man einfach keinen Nenner findet und die einem gefühlt immer wieder grenzüberschreitende Ratschläge an den Kopf knallt. Diese Methode zielt darauf ab, Mitarbeiterinnen helfen zu verstehen, was die Absichten des Gegenübers sind.

Mit Fragen folgenden Fragen lassen Sie Ihr Gegenüber das Gutgemeinte entdecken

- Was genau finden Sie problematisch an XY?
- Was könnte die eigentliche Intention von XY sein?
- Was will XY eigentlich?
- Können Sie das Handeln von XY in einem anderen Licht sehen?
- Was fällt Ihnen an Ihrer Art mit XY umzugehen auf?

Hintergrund ist, dass Ihr Gegenüber reflektieren soll, ob die Kollegin eventuell ein ungesehenes Bedürfnis hat, z. B. gehört und oder akzeptiert werden. Mit dem Fragenablauf helfen Sie, in die Reflexion zu gehen und schaffen Verständnis oder zumindest Erhellung.

- *Konfliktlösung:* In immer wiederkehrenden Situationen, in denen ein Teammitglied sich von einer anderen Person „falsch" behandelt fühlt, kann dieses Tool helfen. Wichtig:

Die Erkenntnis kann auch sein, dass es wirklich regelmäßig zu Grenzüberschreitungen kommt. Hier muss dann natürlich interveniert werden, möglicherweise durch externen Beistand.

4.5 Der Perspektivenwechsel

Wissen Sie noch, wie Sie als Kind mit einem Kaleidoskop gespielt haben und jedes Drehen zu einem neuen faszinierenden Muster führte? Genau das tun wir hier, nur mit Gedanken. Die Coaching-Methode des Perspektivenwechsels funktioniert, weil sie Einzelpersonen dabei hilft, ihre Denkweise zu erweitern, neue Einsichten zu gewinnen und alternative Sichtweisen zu betrachten. Mir ist es wichtig zu betonen, dass es nicht darum geht, Verständnis im Sinne von „Es ist in Ordnung für mich" aufzubringen, sondern um die Sichtweise des anderen zu verstehen.

Mit folgenden Schritten können Sie die „Gedanken" drehen

1. **Bewusstsein schaffen:** Sie unterstützen ihr Gegenüber dabei, sich bewusst zu werden, dass es verschiedene Perspektiven auf eine Situation oder ein Problem gibt. Oft sind wir in unseren eigenen Denkmustern gefangen und nehmen die Dinge aus einer begrenzten Sichtweise wahr. Ein Bewusstsein für die Notwendigkeit eines Perspektivenwechsels ist der erste Schritt.
2. **Identifikation der aktuellen Perspektive:** Die Arbeitnehmerin wird ermutigt, ihre gegenwärtige Sichtweise auf das Problem oder die Situation zu erkunden und zu beschreiben. Offene Fragen ermutigen, Gedanken und Gefühle zu verbalisieren.

Fragen könnten sein:
- Wie sehen Sie die aktuelle Situation oder das Problem aus Ihrer Sicht?
- Können Sie sich vorstellen, wie andere Teammitglieder oder Kolleginnen diese Situation wahrnehmen?
- Was sind die Annahmen oder Überzeugungen, die Ihre Sichtweise beeinflussen?
- Welche anderen Abteilungen oder Stakeholder sind in die Angelegenheit involviert und wie könnten Sie diese sehen?
- Was würden Sie tun, wenn Sie in der Position von XY wären?
- Wie könnten externe Trends oder Entwicklungen diese Situation beeinflussen?
- Könnten Sie sich vorstellen, wie jemand, der neu im Team ist und die Situation zum ersten Mal sieht, sie beurteilen würde?
- Welche Chancen ergeben sich, wenn wir die Angelegenheit aus einer anderen Perspektive/aus der Sicht von XY betrachten?
- Wie könnten Sie die Dinge anders angehen, um die Ziele aus einer neuen Sichtweise zu erreichen?

4.5 Der Perspektivenwechsel

- Gibt es Beispiele aus der Vergangenheit, in denen ein Perspektivenwechsel zu besseren Ergebnissen geführt hat?
3. **Identifikation alternativer Perspektiven:** Sie stellen Fragen (s. o.) oder bieten Anregungen, die die Person dazu ermutigen, alternative Sichtweisen oder Herangehensweisen zu identifizieren. Es kann bedeuten, die Perspektive einer anderen Person einzunehmen, verschiedene Annahmen zu hinterfragen oder die Situation aus verschiedenen Blickwinkeln zu betrachten.
4. **Rollenspiele und Perspektivenwechsel:** Manchmal kann es hilfreich sein001, dass die Person tatsächlich in die Rolle einer anderen Person schlüpft oder sich vorstellt, wie jemand mit einer völlig anderen Sichtweise die Situation betrachten würde. Demzufolge kann es helfen, die Empathie zu fördern und Verständnis für andere Standpunkte zu entwickeln.
Den Anstoß dafür können Sie mit folgenden Fragen geben:
- Versetzen Sie sich mal in die Lage von XY. Was könnte XY durch den Kopf gehen?
- Was meinen Sie, welche Gedanken hat XY dazu?
- Was meinen Sie, was XY dazu bringt, sich so zu verhalten?
- Was könnten die Annahmen oder Überzeugungen sein, die die Sichtweise von XY beeinflussen?
5. **Reflektion und Integration:** Nachdem die alternativen Perspektiven untersucht wurden, sollten Sie die Person ermutigen, darüber nachzudenken, wie diese neuen Einsichten in ihre Gedanken und Entscheidungsfindung integriert werden können. Dieses Prozedere kann zu einer breiteren Denkweise und neuen Lösungsansätzen führen.

Die Coaching-Methode des Perspektivenwechsels ist besonders hilfreich, um festgefahrene Denkmuster aufzubrechen, kreative Lösungen zu fördern, zwischenmenschliche Beziehungen zu verbessern und bessere Entscheidungen zu treffen.

In diesen Situationen ist die Anwendung sinnvoll

- *Konfliktlösung:* Wenn es Konflikte oder Spannungen zwischen Mitarbeiterinnen gibt, kann der Perspektivenwechsel dazu beitragen, die Gründe für solche Konflikte besser zu verstehen. Indem Sie sich in die Perspektiven der beteiligten Personen hineinversetzen und alternative Sichtweisen verstehen, können Sie dazu beitragen, Konflikte zu entschärfen, zu vermitteln und Lösungen zu finden. HR-Professionals können die Methode auch nutzen, um die Beteiligten in die jeweils anderen Perspektiven zu versetzen.
- *Personalentwicklung:* Bei der Unterstützung der beruflichen Entwicklung von Mitarbeiterinnen ist es wichtig, deren individuelle Perspektiven und Ziele zu berücksichtigen. Der Perspektivenwechsel ist hilfreich, um die Bedürfnisse und Erwartungen der Mitarbeiterinnen besser zu verstehen und maßgeschneiderte Entwicklungspläne zu erstellen.

- *Talentmanagement:* Bei der Identifizierung von Talenten und der Planung von Karriereentwicklungspfaden ist es wichtig, die individuellen Ziele und Perspektiven der Talente zu berücksichtigen.
- *Teambuilding:* Bei der Zusammenarbeit von Teams ist es nützlich, die verschiedenen Perspektiven und Stärken der Teammitglieder zu berücksichtigen. Der Perspektivenwechsel kann dazu beitragen, die Teamdynamik zu verbessern und die Zusammenarbeit zu fördern.
- *Change-Management:* In Zeiten des organisatorischen Wandels kann der Perspektivenwechsel dabei helfen, die Sichtweise der Mitarbeiterinnen auf Veränderungen zu verstehen und Kommunikationsstrategien anzupassen, um Bedenken und Widerstand zu minimieren.

4.6 Die Ambivalenzarbeit

Stellen Sie sich vor, Sie sind in einem inneren Ping-Pong-Spiel gefangen, bei dem die Gedanken und Gefühle hin und her springen, wie der orangene Ball auf der Tischtennisplatte. Willkommen an dem Punkt, an dem die Ambivalenzarbeit ins Spiel kommt. Die Coaching-Methode der Ambivalenzarbeit konzentriert sich auf die Untersuchung und den Umgang mit…? Richtig, Ambivalenzen oder Zwiespalt, den eine Person in Bezug auf eine bestimmte Entscheidung, eine Handlung oder ein Ziel empfinden kann. Ambivalenz bezieht sich auf das Vorhandensein von widersprüchlichen Gedanken, Gefühlen oder Motivationen, die es schwierig machen, klare Entscheidungen zu treffen oder bestimmte Ziele zu verfolgen. Bei dieser Methodik ist eine gute Vertrauensbasis zwischen Ihnen und dem Gegenüber immens wichtig. Bitte bedenken Sie das bei der Anwendung!

Mit folgenden Schritten können Sie den Rubik's Cube entschlüsseln

1. **Identifikation der Ambivalenz:** Sie unterstützen die Mitarbeiterin dabei, die spezifische Ambivalenz oder den inneren Konflikt zu identifizieren. Offene Fragen oder Reflexionen unterstützen die widersprüchlichen Gedanken und Gefühle in Bezug auf eine bestimmte Situation oder ein bestimmtes Ziel zu klären.

    Fragen könnten sein:
    - Was sind die konkreten Entscheidungsoptionen oder Ziele, zwischen denen Sie hin- und hergerissen sind?
    - Welche Gedanken und Gefühle treten auf, wenn Sie an jede der möglichen Optionen denken?
    - Können Sie die Ursachen für Ihre Ambivalenz identifizieren? Gibt es bestimmte Überzeugungen, Werte oder Erfahrungen, die dazu beitragen?

4.6 Die Ambivalenzarbeit

- Welche Vorteile sehen Sie in der einen Option und welche in der anderen? Welche Nachteile können Sie identifizieren?
- Wie würde sich Ihr (Arbeits-)Leben oder Ihre Situation verändern, wenn Sie sich für die eine oder die andere Option entscheiden würden?
- Können Sie sich vorstellen, wie eine neutrale dritte Person diese Situation betrachten würde? Wie könnte sie die Vor- und Nachteile beurteilen?
- Gibt es vergangene Erfahrungen oder Beispiele, die Ihnen bei ähnlichen Entscheidungen geholfen haben? Was haben Sie aus daraus gelernt/mitgenommen?
- Was sagen Ihr Verstand und Ihre Intuition zu der Entscheidung? Gibt es einen Unterschied zwischen dem, was Sie denken, und dem, was Sie fühlen?
- Können Sie die inneren Konflikte oder Ambivalenzen visualisieren? Wie würden Sie sie beschreiben oder zeichnen?
- Welche Schritte könnten Sie unternehmen, um die Ambivalenz zu verringern und zu einer Entscheidung zu gelangen?

2. **Verständnis des Ursprungs:** Mit Ihren Fragen helfen Sie, die Ursachen der Ambivalenz zu verstehen. Der Prozess hilft dabei, die zugrunde liegenden Überzeugungen, Werte, Ängste oder früheren Erfahrungen zu erkunden, die zur Ambivalenz beitragen könnten.
3. **Beurteilung der Vor- und Nachteile:** Die Person wird ermutigt, die Vor- und Nachteile der verschiedenen Optionen oder Handlungen zu bewerten, die mit der Ambivalenz verbunden sind. Jenes hilft, Klarheit über die Konsequenzen ihrer Entscheidungen zu gewinnen.
4. **Reframing und Perspektivenwechsel:** Sie helfen, die Sichtweise der Mitarbeiterin zu verändern, da Sie alternative Wege zur Betrachtung der Ambivalenz vorschlagen. Das kann einen Beitrag dazu leisten, den inneren Konflikt aus einer neuen Perspektive zu betrachten und die Emotionen zu bewältigen.
5. **Zielsetzung und Entscheidungsfindung:** Nachdem die Ambivalenz untersucht wurde, können Sie bei der Festlegung von klaren Zielen und der Entwicklung eines Aktionsplans unterstützen. Dies hilft den Arbeitnehmerinnen, eine fundierte Entscheidung zu treffen und in Richtung ihrer Ziele voranzuschreiten.
6. **Ressourcen und Unterstützung:** Sie können auch noch weitergehen und Unterstützungsmöglichkeiten anbieten, um sicherzustellen, dass die Mitarbeiterin die notwendige Hilfe erhält, um mit der Ambivalenz umzugehen und die Ziele zu erreichen. Überlegen Sie hier aber gut, ob Sie dafür die Zeit aufbringen können/wollen.

Die Methode der Ambivalenzarbeit ist besonders nützlich in Situationen, in denen Menschen mit schweren Entscheidungen, Veränderungen oder Unsicherheiten konfrontiert sind. Sie ermöglicht es den Mitarbeiterinnen, sich selbst besser zu verstehen, emotionale Barrieren zu überwinden und gestärkt aus dem Prozess hervorzugehen.

In diesen Situationen ist die Anwendung sinnvoll

- *Personalentwicklung:* Wenn Mitarbeiterinnen unsicher sind, welche beruflichen Schritte sie als nächstes unternehmen sollten, oder wenn sie zwischen verschiedenen Karrieremöglichkeiten hin- und hergerissen sind, kann die Ambivalenzarbeit helfen, Klarheit zu schaffen.
- *Entscheidungsfindung:* In Situationen, in denen wichtige Entscheidungen getroffen werden müssen, wie etwa die Wahl zwischen Jobangeboten, die Annahme von Beförderungen oder die Wahl von Entwicklungspfaden, kann die Ambivalenzarbeit dazu beitragen, die Vor- und Nachteile abzuwägen.
- *Change-Management:* Bei organisatorischen Veränderungen oder Umstrukturierungen kann es bei Mitarbeiterinnen und Führungskräften Ambivalenz hinsichtlich der Akzeptanz und Anpassung an die Veränderungen geben. Die vorgestellte Methode kann dazu beitragen, den Übergang zu erleichtern.
- *Zielsetzung und Motivation:* Mitarbeiterinnen können Ambivalenz in Bezug auf ihre beruflichen oder persönlichen Ziele erleben. Die Ambivalenzarbeit kann helfen, Hindernisse zu überwinden und die Motivation zu steigern.

4.7 Das Eisbergmodell (nach Siegmund Freud)

Stellen Sie sich vor, Ihr „Arbeits-Ich" ist wie ein riesiger Eisberg. Die Spitze des Eisbergs, das sind Ihre sichtbaren Taten und Reaktionen im Büro. Diese Momente, in denen Sie wie ein Schwan auf dem Wasser gleiten oder wie ein aufgescheuchter Pinguin wirken – all das, was Ihre Kolleginnen sehen.

Aber, und jetzt kommt der Clou, da ist noch mehr unter der Oberfläche! Genau wie bei einem echten Eisberg verbirgt sich unter der Wasseroberfläche eine unsichtbare Welt voller Gedanken, Gefühle, Überzeugungen und Werte, die Ihr Handeln beeinflussen.

Das Eisbergmodell ist eine Analogie, die oft im Coaching und in der Psychologie verwendet wird, um die Idee zu veranschaulichen, dass unsere sichtbaren Verhaltensweisen und Reaktionen nur die Spitze eines Eisbergs darstellen, während tiefere Schichten von Gedanken, Gefühlen, Überzeugungen und Werten unter der Wasseroberfläche verborgen sind.

Im Arbeitsalltag kann dieses Modell gut genutzt werden, um Mitarbeiterinnen zu helfen, ihre inneren Prozesse und Motivationen besser zu verstehen, um positive Veränderungen im Verhalten und in den Ergebnissen zu ermöglichen. Es kann aber auch für den Perspektivenwechsel genutzt werden. Mehr dazu in der nächsten Methode.

4.7 Das Eisbergmodell (nach Siegmund Freud)

Mit folgenden Schritten können Sie unter die Oberfläche tauchen

1. *Visualisieren:* Lassen Sie die Mitarbeiterin auf ein Flipchart einen Eisberg malen und diesen dreiteilen. Dabei kommt man sich erstmal etwas komisch vor, aber – versprochen – der Aha-Effekt tritt ein.
2. *Die Spitze des Eisbergs/Das Bewusste:* Hier wird das sichtbare Verhalten repräsentiert, die Handlungen und Reaktionen einer Person. Es sind die Dinge, die andere Menschen beobachten können, wie beispielsweise Kommunikationsstile, Entscheidungen, Aktionen und Interaktionen. Lassen Sie die Arbeitnehmerin die Beobachtungen zu dem Thema neben die Eisbergspitze schreiben.
3. *Die untere Wasseroberfläche/Das Vorbewusste:* Nun befinden wir uns an der Grenze zwischen dem Sichtbaren und dem Unsichtbaren. Hier können bereits Vermutungen über die tieferen Ebenen gemacht werden, aber es ist noch nicht klar, was sich genau darunter verbirgt. Lassen Sie die Mitarbeiterinnen auch diese Vermutungen neben und in den Eisberg schreiben.
Sie können den Prozess mit Fragen unterstützen:
   - Welche Gedanken gehen Ihnen durch den Kopf, wenn Sie in herausfordernden Situationen stecken?
   - Gibt es bestimmte Überzeugungen, die Ihr Handeln in bestimmten Situationen beeinflussen?
   - Welche Werte sind Ihnen besonders wichtig und wie spiegeln sie sich in Ihren Entscheidungen und Handlungen wider?
   - Wie fühlen Sie sich, wenn Sie an berufliche Ziele oder Herausforderungen denken?
   - Welche Emotionen treten auf, wenn Sie an vergangene Erfahrungen oder Beziehungen am Arbeitsplatz denken?
   - Gibt es innere Konflikte oder Selbstzweifel, die Ihre berufliche Entwicklung behindern könnten?
   - Bemerken Sie wiederkehrende Muster in Ihrem Verhalten?
   - Welche Annahmen über sich selbst und andere haben Sie, die Ihr Verhalten beeinflussen könnten?
4. *Die Tiefsee/Das Unbewusste:* Die Tiefsee steht symbolisch für die verborgenen Gedanken, Gefühle, Überzeugungen, Werte, Bedürfnisse und Prägungen, die das Verhalten und die Reaktionen einer Person beeinflussen. Die inneren Aspekte können vielfältig sein und reichen von Ängsten und Unsicherheiten bis hin zu persönlichen Zielen und Werten. Sie können diesen Schritt mit Fragen anreichen, die dazu beitragen, dass die Mitarbeiterin ihre inneren Prozesse und Überzeugungen besser versteht.
Fragen können sein:
   - Welche grundlegenden Überzeugungen leiten Ihr Verhalten und Ihre Entscheidungen in Ihrem Beruf?
   - Welche Werte sind für Sie in Ihrer beruflichen Laufbahn von größter Bedeutung? Wie beeinflussen sie Ihre Prioritäten und Ziele?

- Welche persönlichen Ziele und Träume haben Sie, die sich auf Ihre berufliche Entwicklung auswirken?
- Welche negativen Gedankenmuster oder Selbstzweifel könnten Sie daran hindern, Ihr volles Potenzial auszuschöpfen?
- Welche Erfahrungen aus Ihrer Vergangenheit haben Ihre Einstellungen und Emotionen am Arbeitsplatz geprägt?
- Gibt es Ängste oder Unsicherheiten, die Ihr berufliches Verhalten beeinflussen?
- Welche inneren Konflikte könnten in Ihrem Verhalten sichtbar werden?

Sie können das Eisbergmodell nutzen, um Mitarbeiterinnen dazu anzuregen, über ihr sichtbares Verhalten hinauszublicken und sich bewusst zu machen, dass tiefere, oft unbewusste Faktoren ihr Verhalten und ihre Entscheidungen beeinflussen. Bitte achten Sie darauf, die Zustimmung der Mitarbeiterinnen einzuholen, bevor Sie dieses Modell verwenden. Überlegen Sie auch, ob Sie und die betroffene Person sich mit dieser Methode wohlfühlen, da sie zu sehr persönlichen Gesprächen führen kann.

In diesen Situationen ist die Anwendung sinnvoll

- *Konfliktmanagement:* Gibt es in einem Team oder zwischen Mitarbeiterinnen Konflikte, kann das Eisbergmodell helfen, die sichtbaren Konfliktanzeichen (z. B. Streitigkeiten oder Spannungen) von den unsichtbaren Ursachen (z. B. unterschiedlichen Wertevorstellungen, Kommunikationsproblemen) zu trennen. Dies ermöglicht eine gezieltere Konfliktlösung.
- *Motivation und Engagement:* Das Eisbergmodell kann dazu beitragen, die tieferliegenden Motivationsfaktoren von Mitarbeiterinnen zu verstehen, die möglicherweise nicht offensichtlich sind. Das neugewonnene Verständnis kann genutzt werden, um z. B. Benefits und Anreizsysteme im Unternehmen anzupassen.
- *Personalentwicklung:* Bei der Entwicklung von Mitarbeiterinnen ist es wichtig zu erkennen, dass sichtbare Verhaltensweisen nur die Spitze des Eisbergs sind. Um gezielte Entwicklungsmaßnahmen zu ergreifen, sollten HR-Profis (und Führungskräfte) die zugrunde liegenden Kompetenzen, Fähigkeiten und Einstellungen berücksichtigen.

4.8 Das Eisbergmodell (nach Siegmund Freud) im Perspektivenwechsel

Das Eisbergmodell ist ein echter Rockstar im Coaching. Mit diesem tollen Tool können wir symbolisch auf Tauchstation zu uns und unseren Motiven (oder denen der Teammitgliedern) gehen. Gleichzeitig verhilft es uns, das Mysterium von den Gedanken unserer Mitmenschen/Kolleginnen zu entschlüsseln. Die Methodik des Eisbergmodells kann auch im Arbeitsalltag genutzt werden, um einen Perspektivenwechsel zu fördern und

4.8 Das Eisbergmodell (nach Siegmund Freud) im Perspektivenwechsel

eine tiefere Betrachtung von Situationen, Herausforderungen und zwischenmenschlichen Beziehungen zu ermöglichen.

Mit folgenden Schritten können Sie in die Gedanken/Perspektiven von ihrem Umfeld abtauchen

1. *Bewusstsein schaffen:* Erklären Sie zunächst Ihrem Gegenüber das Konzept des Eisbergmodells. Erklären Sie, dass sichtbare Handlungen und Reaktionen nur die Spitze des Eisbergs darstellen und dass es darunter eine Welt von Gedanken, Gefühlen und Überzeugungen gibt. Hier reicht die Zweiteilung in das Bewusste und Unbewusste.
2. *Deep dive:* Ermutigen Sie Ihre Gesprächspartnerin dazu, zu versuchen die Perspektive der anderen Person zu verstehen. Nutzen Sie hier die Methodik des zweigeteilten Eisbergmodells (Abb. 4.1) und lassen Sie Ihr Gegenüber den Prozess aus der Perspektive der anderen Person durchlaufen. Wenn die Person erkennt, dass unter der Oberfläche des Verhaltens und der Reaktionen ihrer Kolleginnen unbekannte Faktoren existieren, kann sie offener und verständnisvoller in der Kommunikation und Zusammenarbeit sein.

In diesen Situationen ist die Anwendung sinnvoll

- *Change-Management:* Bei Veränderungsprozessen in der Organisation können HR-Verantwortliche das Eisbergmodell verwenden, um die Gründe für Widerstand gegen

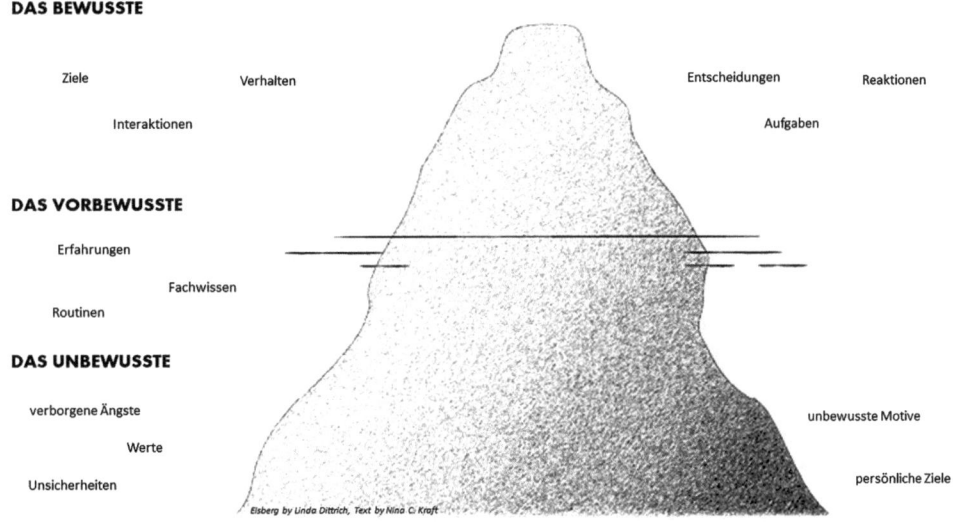

Abb. 4.1 Eisbergmodell Grafik: Linda Dittrich, Text: Nina C. Kraft

Veränderungen zu verstehen. Dies ermöglicht es, gezielt auf die Bedenken und Sorgen der Mitarbeiterinnen einzugehen.
- *Konfliktmanagement:* Gibt es in einem Team oder zwischen Mitarbeiterinnen Konflikte, kann das Eisbergmodell helfen, die sichtbaren Konfliktanzeichen (z. B. Streitigkeiten oder Spannungen) von den unsichtbaren Ursachen (z. B. unterschiedlichen Wertevorstellungen, Kommunikationsproblemen) zu trennen. Dies ermöglicht eine gezieltere Konfliktlösung, gerade durch die Erweiterung des Perspektivenwechsels.

4.9 Die Arbeit mit dem Kommunikationsquadrat nach Friedemann Schulz von Thun

Friedemann Schulz von Thun, einer der größten Kommunikationspsychologen unserer Zeit, hat 1981[1] (Schulz von Thun, 1981) ein Kommunikationsmodell entwickelt, das auf der Annahme basiert, dass Kommunikationen komplexe Prozesse sind und dass Botschaften mehrere Ebenen und Bedeutungen haben. Das Quadrat hilft dabei, die verschiedenen Aspekte von Kommunikation zu verstehen und Kommunikation so effektiver zu gestalten.

Das Modell von Schulz von Thun besteht aus vier Seiten/Aspekten einer Botschaft (deshalb Kommunikationsquadrat):

1. **Sachseite – Worüber informiere ich?:** Die Sachseite bezieht sich auf die eigentliche Information oder den Inhalt der Botschaft. Es ist das, worüber die Senderin der Nachricht spricht oder informiert.
2. **Selbstkundgabe – Was sage ich über mich?:** Dieser Aspekt bezieht sich auf das, was die Senderin über sich selbst offenbart, ihre Meinungen, Gefühle, Einstellungen oder Werte, während sie die Nachricht übermittelt.
3. **Beziehungsebene – Wie stehe ich zu dir?:** Die Beziehungsebene befasst sich mit der Art und Weise, wie die Senderin ihre Beziehung zur Empfängerin gestaltet. Sie umfasst die Art und Weise, wie die Senderin die Botschaft präsentiert und wie dies die Beziehung beeinflusst.
4. **Appellseite – Was möchte ich von der Empfängerin?:** Die Appellseite beinhaltet die Erwartungen oder Wünsche der Senderin in Bezug auf die Reaktion oder das Verhalten der Empfängerin. Die Seite beinhaltet die Frage, was die Senderin von der Empfängerin erwartet.

In der Coaching-Praxis wird das Kommunikationsmodell nach Schulz von Thun häufig verwendet, um die Kommunikation zwischen Individuen zu analysieren und zu verbessern. Es hilft, Missverständnisse und Konflikte zu klären. Dies geschieht dadurch, dass

---

[1] Schulz von Thun, F. (1981), Miteinander reden 1: Störungen und Klärungen.

4.9 Die Arbeit mit dem Kommunikationsquadrat ...

man die Klientin dazu ermutigt, die verschiedenen Aspekte ihrer eigenen Kommunikation und die ihrer Gesprächspartnerinnen zu identifizieren und zu reflektieren. Genau das können Sie sich auch in Ihrem Arbeitsalltag zu Nutze machen.

Sie können Mitarbeiterinnen beispielsweise dabei unterstützen, sich bewusst zu werden, wie ihre Selbstkundgabe die Beziehung zu anderen beeinflusst, wie sie ihre Botschaften klarer formulieren kann oder wie sie mit schwierigen Gesprächssituationen umgeht.

Ein paar Beispiele:

1. **Klarheit in der Kommunikation:** Achten HR-Professionals bewusst auf die Sachebene, können sie sicherstellen, dass die Informationen klar und präzise sind. Besonders wichtig ist das bei der Weitergabe von Richtlinien, Verfahren und anderen wichtigen Informationen.
2. **Beziehungspflege:** Durch die Berücksichtigung der Beziehungsebene können Sie sicherstellen, dass Ihre Botschaften nicht nur sachlich, sondern auch respektvoll und wertschätzend sind. Eine positive Arbeitsumgebung wird dadurch gefördert und Konflikte minimiert.
3. **Motivation und Einbindung:** Auf der Appellebene können HR-Verantwortliche die Motivation der Mitarbeiterinnen ansprechen und ihre Kommunikation so gestalten, dass sie die gewünschten Handlungen und Reaktionen fördert, beispielsweise bei der Einführung neuer Programme oder Initiativen.
4. **Selbstreflexion:** HR-Expertinnen können die Selbstkundgabe-Ebene nutzen, um sich bewusst zu machen, wie ihre persönlichen Einstellungen und Überzeugungen ihre Kommunikation beeinflussen. Das kann dazu beitragen, Vorurteile zu vermeiden und eine inklusive Arbeitsumgebung zu fördern.
5. **Konfliktmanagement:** Das Modell kann auch im Kontext von Konfliktlösung eingesetzt werden, indem die verschiedenen Ebenen der Kommunikation berücksichtigt werden, um Missverständnisse zu klären und die Beziehung zwischen den Konfliktparteien zu verbessern.

In diesen Situationen ist die Anwendung sinnvoll

- *Recruiting und Onboarding:*
  - **Sachebene:** Klare und präzise Informationen zu Stellenangeboten, Aufgaben und Unternehmensrichtlinien.
  - **Beziehungsebene:** Aufbau einer positiven Beziehung zu potenziellen Kandidatinnen und neuen Mitarbeiterinnen durch respektvolle und verständliche Kommunikation.
  - **Appellebene:** Betonung der Vorteile einer Anstellung im Unternehmen und klare Darstellung von Erwartungen.
  - **Selbstkundgabe:** Authentische Kommunikation über die Unternehmenskultur und Werte.

- *Performance Management:*
  - **Sachebene:** Klare Erklärungen zu Leistungsstandards, Feedback und Zielen.
  - **Beziehungsebene:** Aufbau einer unterstützenden Beziehung zwischen Vorgesetzten und Mitarbeiterinnen, um die Leistung zu verbessern.
  - **Appellebene:** Motivation der Mitarbeiterinnen, ihre Leistungen zu steigern, durch das Aufzeigen klarer Ziele und Perspektiven.
  - **Selbstkundgabe:** Ehrliche Rückmeldungen und offene Kommunikation über Entwicklungs- und Karrieremöglichkeiten.
- *Change-Management:*
  - **Sachebene:** Verständliche Kommunikation über Veränderungen, Gründe und Auswirkungen.
  - **Beziehungsebene:** Aufbau von Vertrauen und Verständnis für die Mitarbeiterinnen, um Widerstände zu minimieren.
  - **Appellebene:** Vermittlung des Nutzens und der Chancen des Wandels für die Mitarbeiterinnen.
  - **Selbstkundgabe:** Offene Kommunikation über die eigene Haltung zum Wandel und die Bereitschaft, die Mitarbeiterinnen zu unterstützen.
- *Training und Entwicklung:*
  - **Sachebene:** Klare Informationen zu Schulungsinhalten, Zielen und Erwartungen.
  - **Beziehungsebene:** Förderung einer unterstützenden Lernumgebung und Teamarbeit.
  - **Appellebene:** Betonung der Bedeutung von kontinuierlicher Weiterbildung und beruflicher Entwicklung.
  - **Selbstkundgabe:** Offene Kommunikation über die eigene Begeisterung für lebenslanges Lernen.

Das Modell nach Schulz von Thun ist eine hilfreiche Methode, um die Kommunikation zu vertiefen und zwischenmenschliche Beziehungen zu stärken, sowohl in beruflichen als auch persönlichen Kontexten.

4.10 Lösungsfokussiertes Denken nach Steve de Shazer und Insoo Kim Berg

Das lösungsfokussierte Denken, entwickelt von Steve de Shazer und Insoo Kim Berg (De Shazer & Berg, 2008)[2], ist ein Coaching-Ansatz, der sich auf die Identifizierung und Stärkung von Lösungen konzentriert, anstatt sich auf Probleme zu konzentrieren. Die Grundprinzipien dieses Ansatzes:

---

[2] De Shazer, Steve und Insoo Kim Berg (2008), Das lösungsfokussierte Denken.

4.10 Lösungsfokussiertes Denken nach Steve de Shazer und Insoo Kim Berg

1. **Lösungen statt Probleme:** Anstatt sich auf die Analyse von Problemen zu konzentrieren, liegt der Fokus auf der Identifizierung von Lösungen und Ressourcen, die bereits vorhanden sind oder entwickelt werden können.
2. **Zielorientierung:** Die Coachin hilft der Klientin, klare Ziele zu definieren, die sie erreichen möchten. Diese Ziele werden positiv formuliert und beschreiben, wie die gewünschte Zukunft aussehen soll.
3. **Ressourcenorientierung:** Der Ansatz geht davon aus, dass die Klientin bereits über Ressourcen verfügt, die ihr bei der Bewältigung ihrer Herausforderungen helfen können. Die Coachin unterstützt die Klientin dabei, diese Ressourcen zu identifizieren und zu aktivieren.
4. **Kleinschrittigkeit:** Statt große Veränderungen auf einmal anzustreben, konzentriert sich das lösungsfokussierte Coaching darauf, kleine Schritte in Richtung der gewünschten Ziele zu machen. Solche kleinen Erfolge können die Klientin motivieren und ihr Vertrauen in ihre Fähigkeiten stärken.
5. **Ausnahmen identifizieren:** Anstatt sich auf die Schwierigkeiten zu konzentrieren, fragt die Coachin nach Ausnahmen, d. h. nach Zeiten, in denen das Problem nicht aufgetreten ist oder weniger stark war. Diese Ausnahmen werden untersucht, um Einblicke in mögliche Lösungen zu gewinnen.
6. **Lösungsorientierte Fragen:** Die Coachin stellt lösungsorientierte Fragen, die die Klientin dazu anregen, über ihre Ziele, Ressourcen und Lösungsmöglichkeiten nachzudenken. Diese Art der Fragen zielt darauf ab, den Fokus der Klientin auf positive Veränderungen zu lenken.

Wie diese Grundprinzipien in die HR-Arbeit übertragen können, möchte ich an einem Fallbeispiel verdeutlichen.

> **Fallbeispiel**
> Situation: Frau Colombo, die HR-Verantwortliche, führt ein Personalentwicklungsgespräch mit Herrn Hernández, der sich beruflich weiterentwickeln möchte und sich in letzter Zeit von Selbstzweifeln und Unsicherheiten geplagt fühlt.
> **Frau Colombo:** Guten Tag, Herr Hernández. Schön, dass Sie heute hier sind. Wie geht es Ihnen?
> **Herr Hernández:** Guten Tag, Frau Colombo. Danke, mir geht es soweit ganz gut, aber ich mache mir Gedanken über meine berufliche Zukunft. Ich fühle mich ein bisschen festgefahren und weiß nicht so recht, wie ich weiterkommen soll.
> **Frau Colombo:** Verstehe. Lassen Sie uns doch gemeinsam einen Blick darauf werfen. Statt uns auf die Probleme zu konzentrieren, könnten wir uns darauf fokussieren, welche Lösungen und Ressourcen Ihnen bereits zur Verfügung stehen oder entwickelt werden können. Haben Sie eine Vorstellung davon, wie Ihre gewünschte Zukunft aussehen könnte?

Herr Hernández: Ich würde gerne mehr Verantwortung übernehmen, beispielsweise als Projektleiter und mich in unserem Unternehmen weiterentwickeln, aber ich fühle mich oft unsicher, ob ich dafür bereit bin.
Frau Colombo: Das klingt nach einem klaren Ziel. Jetzt könnten wir uns darauf konzentrieren, welche Ressourcen Sie bereits besitzen, um dieses Ziel zu erreichen. Gibt es bestimmte Fähigkeiten oder Erfahrungen, die Ihnen dabei helfen könnten?
Herr Hernández: Nun ja, ich habe einige Projekte erfolgreich abgeschlossen und habe gute Beziehungen zu meinen Kolleginnen aufgebaut.
Frau Colombo: Das sind definitiv wichtige Fähigkeiten. Wie könnten Sie diese nutzen, um Ihre Ziele zu erreichen?
Herr Hernández: Vielleicht könnte ich mehr Verantwortung übernehmen, indem ich mich freiwillig für herausfordernde Projekte melde und meine Kolleginnen um Unterstützung bitte.
Frau Colombo: Das klingt nach einem guten Plan. Statt große Veränderungen auf einmal anzustreben, könnten wir uns darauf konzentrieren, kleine Schritte in Richtung Ihrer Ziele zu machen. Haben Sie bereits Ideen, wie Sie diese kleinen Schritte angehen könnten?
Herr Hernández: Ich könnte zunächst mit meinem Vorgesetzten über meine Ambitionen sprechen und nach Möglichkeiten zur Weiterentwicklung innerhalb des Teams fragen.
Frau Colombo: Ausgezeichnet. Es scheint, als hätten Sie bereits einige konkrete Schritte im Kopf. Jetzt würde ich gerne nach Ausnahmen fragen. Gab es Zeiten, in denen Sie sich in Ihrer beruflichen Entwicklung sicherer gefühlt haben?
Herr Hernández: Nun, als ich ein bestimmtes Projekt geleitet habe und positive Rückmeldungen erhalten habe, fühlte ich mich wirklich kompetent und selbstbewusst.
Frau Colombo: Das ist großartig zu hören. Können wir uns darauf konzentrieren, was dazu geführt hat, dass Sie sich in dieser Situation sicher gefühlt haben, und überlegen, wie Sie ähnliche Erfahrungen in Zukunft wiederholen könnten?
Herr Hernández: Ich denke, die klare Kommunikation mit meinem Team und die Anerkennung meiner Leistungen haben dazu beigetragen.
Frau Colombo: Das sind wertvolle Erkenntnisse. Lassen Sie uns darüber nachdenken, wie Sie diese Elemente in Ihre zukünftigen beruflichen Aktivitäten integrieren können.

4.10 Lösungsfokussiertes Denken nach Steve de Shazer und Insoo Kim Berg

Wie können Sie das das lösungsfokussierte Denken unter Einbeziehung der genannten Prinzipien im Arbeitsalltag noch nutzen?

- **Prinzip der Lösungsfokussierung:** Konzentrieren Sie sich auf Lösungen, statt auf die Probleme, wird der Prozess der Problemlösung effektiver. Dadurch wird eine positive Veränderung schneller herbeigeführt.
- **Trennung von Problem und Lösung:** Die klare Trennung von Problem und Lösung bringt Sie mit Leichtigkeit in den Prozess. Sie können sich besser auf die Entwicklung von Lösungen konzentrieren, ohne von den Herausforderungen des Problems überwältigt zu werden.
- **Ideales Zukunftsbild entwickeln:** Als HR-Professional können Sie Arbeitnehmerinnen dabei helfen, ein ideales Zukunftsbild zu entwickeln, das als Leitfaden für ihr Handeln dient. Positive Ideen setzen Energien frei, um selbst „unerreichbare" Ziele machbar zu machen.
- **Lösungsfokussierte Grundhaltung:** Indem die Sie eine lösungsfokussierte Grundhaltung einnehmen und daran glauben, dass Menschen alle Ressourcen zur Lösungsfindung haben, ermutigt sie Mitarbeiterinnen, ihr volles Potenzial auszuschöpfen und nach Lösungen zu suchen.
- **Hinwendung zu Ausnahmen:** Als HR-Mitarbeiterin können Sie Arbeitnehmerinnen dazu ermutigen, Situationen und Verhaltensweisen zu identifizieren, in denen das Problem nicht besteht und diesen Blick für Lösungen zu nutzen. Der Fokus auf Ausnahmen schafft neue Perspektiven und eröffnet neue Lösungsansätze.
- **Flexibilität bei der Lösungssuche:** Wenn etwas nicht funktioniert, sollten Sie die Teammitglieder dazu ermutigen, etwas anderes zu probieren. Gleichzeitig sollten erfolgreiche Ansätze verstärkt werden. So ermöglichen Sie es, schneller zur Lösung zu finden und auf vorhandene Kompetenzen zurückzugreifen.
- **Einsatz von lösungsentwickelnden Fragen:** Als HR-Verantwortliche können Sie lösungsentwickelnde Fragen einsetzen, um Mitarbeiterinnen dazu zu ermutigen, auf der Lösungsebene zu arbeiten. Diese Fragen fördern einen Perspektivwechsel und helfen dabei, positive Veränderungen in Gang zu setzen.

Lösungsorientierte Fragen:

1. Was genau möchten Sie erreichen oder verbessern?
2. Welche Ressourcen stehen Ihnen bereits zur Verfügung, um dieses Ziel zu erreichen?
3. Wann ist Ihnen in ähnlichen Situationen bereits eine erfolgreiche Lösung gelungen?
4. Was können Sie tun, um die Situation zu verbessern?
5. Welche kleinen Schritte können Sie heute unternehmen, um Ihrem Ziel näher zu kommen?
6. Wer könnte Ihnen bei der Umsetzung Ihrer Lösung behilflich sein?
7. Welche alternativen Wege könnten Sie ausprobieren, um Ihr Ziel zu erreichen?

8. Was wäre ein erster konkreter Schritt, den Sie jetzt unternehmen könnten?
9. Wie könnten Sie diese Herausforderung aus einer anderen Perspektive betrachten?
10. Welche positiven Veränderungen haben Sie bereits bemerkt, und wie können Sie diese weiter fördern

In diesen Situationen ist die Anwendung sinnvoll

- *Mitarbeitergespräche:* Nutzen Sie lösungsfokussierte Fragen, um mit Mitarbeiterinnen in Einzelgesprächen deren Ziele, Ressourcen und Lösungsmöglichkeiten zu erkunden. Statt sich ausschließlich auf Probleme zu konzentrieren, lenken Sie den Fokus auf die Schritte, die das Teammitglied unternehmen kann, um ihr Ziel zu erreichen.
- *Konfliktlösung:* Wenden Sie lösungsfokussierte Techniken an, um bei Konflikten zwischen Mitarbeiterinnen konstruktive Lösungen zu finden. Identifizieren Sie Gemeinsamkeiten, suchen Sie nach Ausnahmen oder erarbeiten Sie kleine Schritte zur Verbesserung der Situation.
- *Zusammenarbeit fördern:* Organisieren Sie lösungsfokussierte Workshops oder Meetings, um die Zusammenarbeit in Teams zu verbessern. Helfen Sie dabei, gemeinsame Ziele zu identifizieren, Teamstärken anzuerkennen und Aktionspläne zur Zielerreichung zu entwickeln.

4.11 Das 4-Schritte-Kommunikationsmodell nach Marshall B. Rosenberg

Ähnlich wie auf das Kommunikationsmodell nach Schulz von Thun, trifft man in Kommunikationstrainings häufig auch auf das 4-Schritte-Kommunikationsmodell (Rosenberg, 2007),[3] um den Prozess der zwischenmenschlichen Kommunikation zu erklären. Das Modell basiert auf der Gewaltfreien Kommunikation (GfK) von Marshall B. Rosenberg. Es hilft, Missverständnisse zu vermeiden, indem es Menschen dazu anleitet, objektiv zu beobachten, ihre Gefühle zu erkennen, ihre Bedürfnisse zu verstehen und klare Bitten auszusprechen. Sie können es für sich selbst, aber auch in der Zusammenarbeit mit Kolleginnen nutzen.

> **Fallbeispiel**
> Angenommen, eine Mitarbeiterin sucht das Gespräch mit Ihnen als HR-Vertraute. Sie äußert die Unzufriedenheit über die Arbeitsbedingungen. Das 4-Schritte-Kommunikationsmodell könnte so angewendet werden:

---

[3] Rosenberg, Marshall B. (2007), Gewaltfreie Kommunikation: Eine Sprache des Lebens.

1. **Beobachtung:** „Ich habe bemerkt, dass du in letzter Zeit öfter Überstunden machst und dich mehrmals darüber beschwert hast."
2. **Gefühl:** „Ich nehme an, dass das bei dir Frustration oder Stress verursacht. Richtig?"
3. **Bedürfnis:** „Kannst du mir mehr darüber erzählen, welche Bedürfnisse oder Erwartungen du bezüglich der Arbeitsbedingungen hast? Was ist dir wichtig?"
4. **Bitte:** „Könntest du vielleicht Vorschläge machen oder Wege vorschlagen, wie wir deine Arbeitsbedingungen verbessern könnten? Das würde uns helfen, gemeinsam eine Lösung zu finden."

In diesem Beispiel ermöglicht das 4-Schritte-Kommunikationsmodell Ihnen, die Anliegen der Mitarbeiterin besser zu verstehen und gemeinsam nach konstruktiven Lösungen zu suchen. Es fördert eine offene und empathische Kommunikation, um die Bedürfnisse beider Parteien zu berücksichtigen.

Die Mitarbeiterin kann sich natürlich auch mittels des Modells auf das Gespräch vorbereiten. Das würde dann so aussehen:

1. **Beobachtung:** „Ich habe in den letzten Monaten festgestellt, dass meine Arbeitsbelastung zugenommen hat, und ich musste regelmäßig Überstunden machen."
2. **Gefühl:** „Das hat bei mir Unzufriedenheit und auch etwas Stress ausgelöst, weil ich das Gefühl habe, meine Work-Life-Balance leidet."
3. **Bedürfnis:** „Mir ist wichtig, eine gesunde Balance zwischen Arbeit und Privatleben zu haben und produktiv bei der Arbeit zu sein. Es wäre für mich hilfreich, wenn wir eine Lösung finden könnten, um meine Arbeitsbelastung zu reduzieren."
4. **Bitte:** „Könnten wir gemeinsam darüber sprechen, wie wir meine Arbeitsbedingungen verbessern könnten? Vielleicht könnten wir Optionen wie Aufgabenpriorisierung, Delegierung oder Ressourcenzuweisung besprechen, um eine bessere Balance zu erreichen."

Durch die Anwendung des 4-Schritte-Kommunikationsmodells, kann die Arbeitnehmerin ihre Anliegen klar und konstruktiv präsentieren. Dies ermöglicht Ihnen als HR-Professional, die genauen Probleme zu verstehen und zusammen mit der Mitarbeiterin nach Lösungen zu suchen, die auch hier die Bedürfnisse beider Parteien berücksichtigen.

So nutzen Sie die vier Schritte für sich

1. **Beobachtung:** Es geht darum, objektiv zu beobachten und Fakten zu sammeln, ohne sie zu bewerten oder zu interpretieren. Wichtig ist klare und präzise Informationen zu erfassen.
2. **Gefühl:** Nach der Beobachtung geht es darum, die eigenen Gefühle in Bezug auf die beobachteten Informationen zu identifizieren. Dies bezieht sich auf emotionale Reaktionen auf die Beobachtungen.
3. **Bedürfnis:** In diesem Schritt werden die eigenen Bedürfnisse und die Bedürfnisse anderer identifiziert, die durch die beobachteten Situationen und die eigenen Gefühle beeinflusst werden.
4. **Bitte:** Man formuliert hier eine klare und positive Bitte, die darauf abzielt, die eigenen Bedürfnisse zu erfüllen. Es ist wichtig, dabei konkret zu sein und die Bitte so zu formulieren, dass sie für alle Beteiligten akzeptabel ist.

In diesen Situationen ist die Anwendung sinnvoll

- *Konfliktlösung:*
  - **Beobachtung:** Klärung von Missverständnissen oder Konflikten zwischen Mitarbeiterinnen.
  - **Gefühl:** Ermittlung der Emotionen, die die Konfliktsituation hervorruft.
  - **Bedürfnis:** Identifikation der Bedürfnisse der beteiligten Parteien.
  - **Bitte:** Formulierung von Vorschlägen zur Konfliktlösung, die die Bedürfnisse aller Beteiligten berücksichtigen.
- *Leistungsfeedback:*
  - **Beobachtung:** Analyse von Leistungsdaten und Beobachtung von Verhaltensweisen.
  - **Gefühl:** Erkennung der emotionalen Reaktion der Arbeitnehmerin auf das Feedback.
  - **Bedürfnis:** Feststellung der Bedürfnisse der Mitarbeiterin bezüglich Karriereentwicklung und -förderung.
  - **Bitte:** Entwicklung gemeinsamer Pläne zur Verbesserung der Leistung und Förderung der beruflichen Entwicklung.
- *Change-Management:*
  - **Beobachtung:** Identifikation von Reaktionen der Mitarbeiterin auf Veränderungen im Unternehmen.
  - **Gefühl:** Ermittlung der emotionalen Auswirkungen der Veränderungen auf die Teammitglieder.
  - **Bedürfnis:** Verstehen der Bedürfnisse der Arbeitnehmerinnen hinsichtlich Unterstützung und Anpassung.
  - **Bitte:** Implementierung von Maßnahmen, um die Mitarbeiterinnen während des Veränderungsprozesses zu unterstützen und ihre Bedenken zu adressieren.

Durch die Anwendung dieses Kommunikationsmodells können HR-Professionals eine offene und empathische Kommunikationskultur fördern, die dazu beiträgt, Konflikte zu lösen, Leistungen zu verbessern und die Mitarbeiterinnenzufriedenheit zu steigern.

4.12 Die Eisenhower-Matrix

Die Eisenhower-Matrix (s. Abb. 4.2), benannt nach Dwight D. Eisenhower, einem ehemaligen US-Präsidenten, wird oft mit ihm in Verbindung gebracht, weil er für seine Fähigkeit bekannt war, Aufgaben nach der Dringlichkeit und Wichtigkeit zu priorisieren. Allerdings muss man auch erwähnen, dass angenommen wird, dass die Idee selbst nicht unbedingt von ihm stammt, sondern eher auf seine Denkweise und Herangehensweise an Produktivität und Zeitmanagement zurückgeht. Eisenhower war bekannt dafür, dass er komplexe Probleme in einfachere Kategorien unterteilte, was ihn zu dieser Matrix inspiriert haben könnte.

Grundsätzlich ist die Eisenhower-Matrix jedoch eine geniale Methode, um Aufgaben nach Dringlichkeit und Wichtigkeit zu sortieren. Stellen Sie sich vor, Sie habe vier Boxen: Die erste ist für wichtige und dringende Angelegenheiten, die sofortige Aufmerksamkeit erfordern. Die zweite ist für wichtige, aber nicht so dringende Aufgaben, die Sie planen können. Die dritte Box ist für dringende, aber weniger wichtige Dinge, die Sie eventuell sogar delegieren können. Und die vierte Box ist für Aufgaben, die weder wichtig noch dringend sind – da können Sie ganz entspannt entscheiden, ob Sie diese reduzieren oder

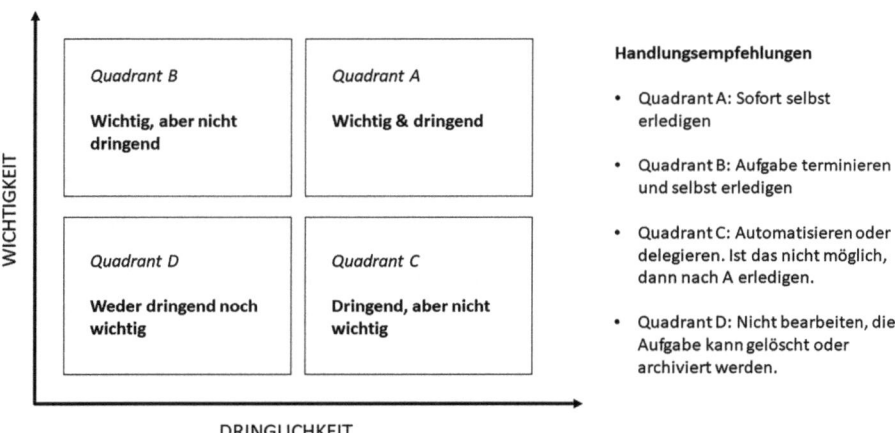

Eisenhower-Matrix nach Dwight D. Eisenhower, erstellt von Nina C. Kraft

Abb. 4.2 Eisenhower-Matrix

ganz sein lassen wollen. Sie sehen, es ist eine großartige Methode, um Fokus und Effizienz zu steigern!

> **Fallbeispiel**
> Ihr Arbeitstag ist sicherlich oft vollgepackt mit verschiedenen Aufgaben, von dem Recruiting neuer Mitarbeiterinnen bis zur Organisation von Schulungen oder dem Lösen von Personalproblemen. Hier ist ein Beispiel, wie Sie die Eisenhower-Matrix verwenden könnten:
>
> 1. **Wichtig und dringend (Quadrant A):**
>   – Sofortige Einstellung für eine kritische Position
>   – Lösung eines internen Konflikts zwischen Teammitgliedern
> 2. **Wichtig, aber nicht dringend (Quadrant B):**
>   – Entwicklung eines neuen Schulungsprogramms für die Mitarbeiterinnen
>   – Langfristige strategische Planung für Personalentwicklung
> 3. **Dringend, aber nicht wichtig (Quadrant C):**
>   – Dringende Anfragen für administrative Unterstützung
>   – Kurzfristige, aber nicht wesentliche Meetings
> 4. **Weder dringend und noch wichtig (Quadrant D):**
>   – Allgemeine E-Mails, die keine unmittelbare Relevanz für die Arbeit haben
>   – Ablenkungen wie Social-Media-Nutzung während der Arbeitszeit

In diesen Situationen ist die Anwendung sinnvoll

- *Recruiting und interne Auswahlprozesse:* Die Priorisierung von Interviews, das Bearbeiten dringender Einstellungsanfragen oder die Organisation von Karriere-Events könnten als dringend und wichtig eingestuft werden.
- *Personalentwicklung:* Die Planung von Schulungen, Mitarbeiterinnen-Feedback-Gespräche oder die Umsetzung neuer Entwicklungsprogramme sind wichtige, aber möglicherweise nicht sofort dringende Aufgaben.
- *Konfliktlösung und Mitarbeiterinnenbeziehungen:* Die Intervention bei internen Konflikten oder die Unterstützung von Teammitgliedern in schwierigen Situationen sind oft dringend und wichtig.
- *Administrative Aufgaben:* Hierzu gehören Aufgaben wie Gehaltsabrechnungen oder die Aktualisierung von Mitarbeiterinnendaten, die oft dringend, aber nicht immer unbedingt strategisch wichtig sind und gerne delegiert werden können.

Ich denke, Sie haben bemerkt, dass diese Methode in erster Linie für Sie und Ihren Arbeitsalltag sinnvoll ist. Sie soll Sie dabei unterstützen Ihren Alltag besser zu priorisieren. Durch die Anwendung der Matrix können HR-Professionals nämliche ihre Zeit darauf konzentrieren, die kritischsten und bedeutendsten Aufgaben anzugehen, um zum einen die Effizienz zu steigern und zum anderen sicherzustellen, dass sie die richtigen Prioritäten setzen, sei es bei der Einstellung neuer Talente, der Entwicklung von Mitarbeiterinnen oder der Lösung von anderweitigen Herausforderungen.

4.13 Aktives Zuhören

Aktives Zuhören ist vergleichbar mit dem Einstellen eines Radiosenders, um die Klarheit und Präzision des Empfangs zu maximieren. Indem Sie Ihrem Gegenüber aufmerksam zuhören, stellen Sie sicher, dass Sie die richtige Frequenz einstellen, um die Gedanken und Anliegen klar zu verstehen. Sie justieren die Empfangsantenne, um Störungen zu minimieren und das Signal der Information deutlich und unverfälscht zu erhalten. Auf diese Weise können Sie eine klare Verbindung herstellen, die es ermöglicht, Missverständnisse zu reduzieren und eine reibungslose Kommunikation gewährleisten.

Eine frühere Vorgesetzte sagte zu mir, dass es darum geht, dass man aktiv HINhört und nicht ZUhört. Denn wenn man nur zuhört, verschließt sich das Ohr. Manch einer könnte nun denken „Wortklauberei!" und klar, dass ist es sicherlich auch irgendwie und trotzdem finde ich dieses Bild hilfreich. Wenn man nicht aktiv zu- bzw. hinhört verschließt man sich möglicherweise auch vor neuen Ideen. Ich fand diese Denkweise sehr hilfreich und vielleicht kann sie auch Ihnen dabei helfen, sich daran zu erinnern, wie wichtig es ist, wirklich aufmerksam dem Gesagten des Gegenübers zu folgen.

> **Fallbeispiel**
> *Situation:* Frau Richardson hat ein Problem mit ihrem Zeitmanagement.
> **Frau Richardson:** „Ich habe in letzter Zeit Schwierigkeiten, meine Arbeit pünktlich zu erledigen."
> **HR:** „Verstehe, das klingt herausfordernd. Könnten Sie mir mehr darüber erzählen, welche spezifischen Hindernisse Sie dabei haben?"
> **Frau Richardson:** „Ich arbeite an mehreren Projekten gleichzeitig und habe das Gefühl, den Überblick zu verlieren."
> **HR:** „Es ist herausfordernd, wenn man an mehreren Projekten arbeitet und es schwierig findet, den Überblick zu behalten. Haben Sie Ideen, wie wir Ihnen dabei helfen könnten, Ihre Arbeit effektiver zu strukturieren?"
> **Frau Richardson:** „Vielleicht könnten wir klare Prioritäten setzen oder regelmäßigere Meetings haben, um den Fortschritt zu besprechen."

> **HR:** „Sie schlagen vor, dass klare Prioritäten oder regelmäßige Meetings helfen könnten, um den Arbeitsablauf zu verbessern. Das klingt vielversprechend. Gibt es noch andere Ansätze, die Sie erwägen?"
> **Frau Richardson:** „Nein, das war's eigentlich schon, danke fürs Zuhören."
> **HR:** „Sehr gerne, ich stehe zur Verfügung, wenn Sie weitere Unterstützung benötigen. Vielen Dank, dass Sie Ihre Gedanken mit mir geteilt haben."

So öffnen Sie Ihre Ohren

1. **Zeigen Sie echtes Interesse:** Zeigen Sie durch Ihre Körpersprache und Gesten, dass Sie aktiv zuhören. Stellen Sie Augenkontakt her, nicken Sie ab und zu und zeigen Sie mit einem offenen Körperausdruck, dass Sie wirklich an dem interessiert sind, was ihr Gegenüber sagt.
2. **Stellen Sie offene Fragen:** Stellen Sie offene Fragen, die dazu ermutigen, mehr Informationen zu teilen. Die ausführlicheren Antworten helfen Ihnen dabei, ein tieferes Verständnis zu entwickeln.
3. **Paraphrasieren und Zusammenfassen:** Wiederholen Sie in eigenen Worten, was die Person gesagt hat, um sicherzustellen, dass Sie es richtig verstanden haben. Zusammenfassungen am Ende eines Abschnitts helfen, den Fokus zu halten und zu zeigen, dass Sie aufmerksam zuhören.
4. **Vermeiden Sie Unterbrechungen:** Lassen Sie die Person ausreden, bevor Sie reagieren oder eine Frage stellen. Das zeigt Respekt und ermöglicht es dem Gegenüber, die Gedanken vollständig auszudrücken.
5. **Zeigen Sie Empathie:** Versetzen Sie sich in die Lage der Person und zeigen Sie Verständnis für ihre Gefühle. Das bedeutet nicht, dass Sie ihre Meinung teilen müssen, sondern dass Sie ihre Perspektive anerkennen und respektieren.
6. **Vermeiden Sie Ablenkungen:** Konzentrieren Sie sich vollständig auf das Gespräch und vermeiden Sie währenddessen Ablenkungen wie Handybenutzung oder Unterbrechungen durch andere Personen.
7. **Reagieren Sie angemessen:** Zeigen Sie Ihre Reaktion auf das Gesagte angemessen. Das können Anerkennungsnicken, zustimmendes Murmeln oder auch empathische Kommentare sein, die verdeutlichen, dass Sie die Aussagen der Person ernst nehmen.
8. **Bleiben Sie neutral und urteilsfrei:** Versuchen Sie, neutral und unvoreingenommen zuzuhören, ohne vorschnelle Schlüsse zu ziehen oder zu urteilen. Dies schafft Vertrauen und ermutigt den Mitarbeiterinnen, sich frei zu äußern.
9. **Zusammenfassung und Klärung:** Am Ende des Gesprächs fassen Sie die wichtigsten Punkte zusammen und fragen Sie nach, ob alles besprochen wurde oder ob es noch offene Fragen oder Anliegen gibt.

4.13 Aktives Zuhören

Diese Schritte können Ihnen helfen, effektiv aktives Zuhören als HR-Professional umzusetzen und eine vertrauensvolle Kommunikation mit den Mitarbeiterinnen aufzubauen.

In diesen Situationen ist die Anwendung sinnvoll

- *Konfliktlösung:* Nutzen Sie das Tool bei der Lösung von Konflikten zwischen Mitarbeiterinnen oder Teams. Aktives Zuhören ist sehr hilfreich, um die Standpunkte aller Beteiligten zu verstehen und um eine faire Lösung zu finden.
- *Performance- und Feedback-Gespräche:* Beim Geben und Empfangen von Feedback ist aktives Zuhören wichtig, um die Perspektive der Arbeitnehmerin zu verstehen und um klare, konstruktive Rückmeldungen zu geben.
- *Einstellungsprozess:* Während Bewerbungsgesprächen unterstützt die Methodik dabei, die Fähigkeiten, Motivation und Passung einer Kandidatin für eine Position besser zu verstehen.
- *Mitarbeiterinnenbetreuung:* Wenn Mitarbeiterinnen Probleme haben oder Unterstützung benötigen, ist aktives Zuhören wichtig, um ihre Bedenken zu verstehen und angemessene Lösungen anzubieten.
- *Change-Management:* Bei Veränderungen im Unternehmen ist es wichtig, die Anliegen und Reaktionen der Mitarbeiterinnen zu verstehen, um Kommunikationsstrategien zu entwickeln, die Ängste und Unsicherheiten adressieren.
- *Teamentwicklung:* Beim Aufbau von Teams ist die Anwendung ratsam, um die Stärken, Schwächen und Bedürfnisse jedes Teammitglieds zu verstehen und eine effektive Zusammenarbeit zu fördern.

In jedem dieser Szenarien hilft aktives Zuhören dabei, eine vertrauensvolle Beziehung zu Mitarbeiterinnen aufzubauen, ihre Bedürfnisse zu erkennen und letztendlich zu besseren Entscheidungen und effektiveren Lösungen beizutragen. HR kann schließlich auch für *H*ören und *R*eagieren stehen.

Ich persönlich finde aktives Zuhören so wichtig, dass ich es Ihnen sehr ans Herz lege, diese Methodik mittels Workshops o. ä. in das Unternehmen reinzutragen. Beherrschen viele Mitarbeiterinnen dieses Skill, können viele Unstimmigkeiten und Herausforderungen im Keim erstickt bzw. Verständnis und so ein anderer Umgang damit ermöglicht werden.

Ich möchte die Vorstellung dieser Methode mit einem wichtigen Satz beenden. Erst verstehen, dann verstanden werden: Hören Sie aktiv zu, bevor Sie selbst gehört werden möchten.

4.14 Konkrete Erwartungen kommunizieren

Wie bitte? Das ist doch klar! Das ist doch keine Coaching-Methode. Eventuell haben Sie genau das gerade gedacht. Nun ja, klar ist es schon, aber gar nicht so einfach. Deshalb habe ich es mit aufgenommen.

Das Ziel dieses Coaching-Tools ist es, Sie dabei zu unterstützen, effektiv und klar konkrete Erwartungen zu kommunizieren. Dies trägt dazu bei, eine transparente Zusammenarbeit, beispielsweise zwischen Ihnen und ihren Kolleginnen herzustellen, es fördert Verständnis und verbessert die Arbeitsbeziehungen. Gerne können Sie diesen kleinen Hack auch an Führungskräfte weitergeben.

1. **Selbstreflexion:** Sie sollten sich zunächst selbst darüber klar werden, welche Erwartungen Sie an sich selbst haben und was Sie persönlich von Ihren Kolleginnen erwarten. Hier sind sowohl berufliche als auch zwischenmenschliche Erwartungen inbegriffen.
Frage an sich selbst: „Was kann das Team von mir erwarten, und was erwarte ich von den Teammitgliedern?"
2. **Offene Kommunikation:** Suchen Sie aktiv den Dialog mit Ihren Kolleginnen, um die Erwartungen klar zu kommunizieren. Dazu bieten sich verschiedene Möglichkeiten an, z. B. Einzelgespräche, Teambesprechungen oder sogar die schriftliche Form.
Frage an die Person(engruppe): „Was erwarte ich von dir, und was kannst du von mir erwarten?"
3. **Konkrete Formulierung:** Es ist wichtig, dass die Erwartungen konkret und klar formuliert werden. Vermeiden Sie vage Ausdrücke und geben Sie konkrete Beispiele, um Missverständnisse zu vermeiden.
Beispiele:
   – „Von mir kannst du erwarten, dass ich immer zeitnah auf deine Anfragen reagiere und Unterstützung bei HR-Angelegenheiten anbiete."
   – „Ich erwarte von dir, dass du klare Richtlinien für Personalprozesse bereitstellst und in der Lage bist, bei Konflikten eine unterstützende Rolle einzunehmen."
4. **Aktives Zuhören:** Stellen Sie sicher, dass Sie die Erwartungen Ihrer Kolleginnen verstehen. Dies kann durch aktives Zuhören und gezielte Rückfragen erreicht werden.
Beispiele:
   – Sie: „Verstehe ich richtig, dass du von mir erwartest, in Meetings klare Informationen zur Verfügung zu stellen?"
   – Ihr Gegenüber: „Ja, genau. Das würde die Teamarbeit erheblich erleichtern."
5. **Rückmeldungen einholen:** Es ist wichtig, regelmäßig Feedback von Kolleginnen einzuholen, um sicherzustellen, dass die Erwartungen erfüllt werden, wenn sie angemessen sind und um gegebenenfalls Anpassungen vorzunehmen.
Frage an beide Seiten: „Wie können wir sicherstellen, dass die Erwartungen erfüllt werden, und gibt es Bereiche, die verbessert werden können?"

In diesen Situationen ist die Anwendung sinnvoll

- *Onboarding:* HR kann das Tool verwenden, um klare Erwartungen bezüglich der Einarbeitung, Unterstützung und Kommunikation mit neuen Teammitgliedern zu vermitteln.
- *Leistungsbeurteilungen:* Vor oder während Leistungsbeurteilungen können Sie und Ihre Kolleginnen diese Methode verwenden, um Erwartungen in Bezug auf Zielsetzungen, Entwicklungsziele und Feedback zu besprechen. So wird eine transparente Diskussion darüber ermöglicht, wie und ob die beruflichen Erwartungen erfüllt werden können.
- *Konfliktmanagement:* In Konfliktsituationen kann das Tool verwendet werden, um klare Erwartungen bezüglich der Konfliktlösung, Kommunikation und Zusammenarbeit zu formulieren. Dadurch wird Verständnis gefördert und ein Umfeld geschaffen, in dem Konflikte konstruktiv angegangen werden können.
- *Teammeetings:* Auch in regelmäßigen Teammeetings ist eine klare Kommunikation der Erwartungen sinnvoll, auch um sicherzustellen, dass die Teammitglieder sich bewusst sind, welche Erwartungen an ihre Beiträge, Kommunikation und Zusammenarbeit gestellt werden. Das trägt dazu bei, Missverständnisse zu vermeiden und die Teamdynamik zu stärken.
- *Entwicklungs- und Weiterbildungsprogramme:* Bei der Planung von Schulungen oder Weiterbildungsprogrammen kann das Tool verwendet werden, um die Erwartungen in Bezug auf die Teilnahme, Anwendung des Gelernten und den Transfer in die tägliche Arbeit zu klären. Teilnehmerinnen können ihre Erwartungen an die Qualität der Schulung und den praktischen Nutzen äußern.

Werden die Erwartungen konkret kommuniziert, wird eine klare und offene Kommunikation über Erwartungen gefördert, was zu einer produktiven und unterstützenden Arbeitsumgebung beiträgt.

4.15 Aus „man" wird „ich" und aus „sollte" wird „werde"

Im systemischen Coaching geht es oft darum zu zeigen, wie unsere Handlungen nicht nur uns selbst, sondern auch das größere Umfeld beeinflussen, in dem wir leben oder arbeiten. Das habe ich den vorherigen Kapiteln ausführlich beschrieben. Das wird auch mit dieser Methode deutlich.

Kennen Sie das? Sie sagen: „Man sollte wirklich mehr Zeit mit der Personalentwicklung verbringen!", aber eigentlich meinen Sie, dass Sie mehr Zeit damit verbringen sollten – „Ich sollte mehr Zeit mit der Personalentwicklung verbringen!". Durch das „man" schieben Sie die Verantwortlichkeit dafür von sich weg.

Wenn wir nun vom abstrakten ‚Man sollte…' zu einem persönlicheren ‚Ich werde…' übergehen, hilft das, die Aufgabe anzugehen.

Das Umschalten von einem allgemeinen Standpunkt zu einem persönlicheren Ansatz hilft nicht nur dabei, uns unsere Aufgaben bewusster zu machen, sondern auch Entscheidungen zu treffen und umzusetzen.

Die Umkehrung des Modaloperators (so kann man diese Methode auch nennen) ist ein starkes Coaching-Tool für HR-Professionals. Es fördert die individuelle Verantwortung, denn Mitarbeiterinnen werden dazu ermutigt, persönliche Verantwortung zu übernehmen, anstatt allgemeine Aussagen zu machen. Dadurch wird das Gefühl der persönlichen Verantwortlichkeit gestärkt.

Außerdem wird die Entwicklung von Handlungsalternativen unterstützt. HR kann Mitarbeiterinnen helfen, alternative Handlungsweisen zu erkunden, was zu mehr Selbstreflexion und der Suche nach Lösungen führt, die besser zu den Zielen des Unternehmens passen.

Fallbeispiel
Situation: Frau Marković ist Führungskraft und die jährlichen Mitarbeiterinnengespräche stehen an. Sie trifft HR an der Kaffeemaschine.

- Frau Marković: „Der Turnus für die jährlichen Mitarbeiterinnengespräch steht an. Darauf sollte man sich wirklich besser vorbereiten?"
- HR: „Wer ist man?"
- Frau Marković: „Man bin ich!"
- HR: „Dann werden Sie sich besser vorbereiten?"
- Frau Marković: „Ja, ich werde mich dieses Jahr besser vorbereiten!"

In diesen Situationen ist die Anwendung sinnvoll

- *Leistungsmanagement und Zielsetzung:* HR kann Mitarbeiterinnen helfen, indem sie sie dazu ermutigen, ihre Ziele persönlicher zu formulieren („Ich werde…"), was zu einer größeren Verantwortungsübernahme und Motivation führen kann.
- *Change-Management:* Bei Veränderungen im Unternehmen kann die Umkehrung des Modaloperators dazu beitragen, dass Mitarbeiterinnen sich persönlich mit den Veränderungen auseinandersetzen und aktiver an neuen Lösungen mitwirken.
- *Entwicklung von Führungskompetenzen:* Dieses Werkzeug kann nützlich sein, um angehende oder bestehende Führungskräfte dazu zu ermutigen, ihre Führungsstile zu überdenken und persönlicher zu gestalten, um eine bessere Verbindung zu ihren Teams herzustellen.

Insgesamt ist dieses Tool im HR-Alltag äußerst sinnvoll. Es fördert nicht nur die individuelle Verantwortung und Selbstreflexion, sondern verbindet auch Mitarbeiterinnenhandlungen besser mit den Unternehmenszielen. Es schafft eine proaktive Kultur, in der Mitarbeiterinnen aktiv nach Lösungen suchen, die sowohl ihren eigenen Bedürfnissen als auch den Zielen des Unternehmens gerecht werden.

4.16 S.M.A.R.T. ergänzt um E

Die Methode nach G.T. Doran (G.T. Dorian, 1981)[4] ist die vermutlich bekannteste Methode zur Zielfestlegung in Unternehmen. Diese Methode hilft, klare, erreichbare und messbare Ziele zu setzen und ist in verschiedenen Bereichen, von persönlichen Zielen bis hin zu Unternehmenszielen, sehr nützlich.

Die Abkürzung steht für:

1. **Spezifisch (Specific):** Das Ziel sollte klar und konkret formuliert sein, damit es eindeutig verstanden werden kann. Es beantwortet Fragen wie „Was will ich erreichen?" und „Warum ist es wichtig?".
2. **Messbar (Measurable):** Es sollte möglich sein, den Fortschritt und das Erreichen des Ziels anhand von messbaren Kriterien zu überprüfen. Quantitative oder qualitative Messgrößen helfen dabei, den Erfolg zu bewerten.
3. **Attraktiv (Achievable):** Das Ziel sollte erreichbar sein. Es ist wichtig, realistische und machbare Ziele zu setzen, die trotz Herausforderungen erreichbar sind.
4. **Relevant (Relevant):** Das Ziel sollte mit den übergreifenden Zielen und Werten in Einklang stehen. Es sollte relevant für die Gesamtvision oder den größeren Plan sein.
5. **Terminiert (Time-bound):** Es sollte ein klar definierter Zeitrahmen für die Erreichung des Ziels festgelegt werden. Dies hilft, den Fokus zu behalten und Prioritäten zu setzen.

In meiner Ausbildung zur systemischen Coachin bei der WINGS habe ich gelernt, dass man die Formel um E ergänzen sollte:

6. **Eigenverantwortlich:** Da Ziel muss für die Klientin eigenverantwortlich erreichbar sein.

So verwenden Sie S.M.A.R.T.E. auf eine smarte Weise
In der folgenden Erklärung werden Sie direkt angesprochen. Sie können mit dieser Methode natürlich auch Teammitglieder bei der Zieldefinition unterstützen.

1. **Identifizieren Sie das Ziel:** Überlegen Sie, was erreicht werden soll. Seien Sie so spezifisch wie möglich und formulieren Sie das Ziel klar und deutlich.

---

[4] G.T. Doran (1981), Artikel: „There's a S.M.A.R.T. way to write management's goals and objectives".

2. **Machen Sie Ihr Ziel messbar:** Definieren Sie Kriterien, anhand derer Sie den Fortschritt oder das Erreichen des Ziels messen können. Das könnten Zahlen, Daten oder andere messbare Einheiten sein.
3. **Stellen Sie sicher, dass Ihr Ziel erreichbar ist:** Überprüfen Sie, ob Ihr Ziel realistisch ist. Haben Sie die Ressourcen, Fähigkeiten und Zeit, um es zu erreichen? Passen Sie gegebenenfalls das Ziel an, damit es erreichbar wird.
4. **Stellen Sie die Relevanz Ihres Ziels sicher:** Überlegen Sie, wie Ihr Ziel zu Ihrer größeren Vision oder Ihren langfristigen Zielen passt. Ist es wichtig und sinnvoll für Ihre Pläne oder Ihre Entwicklung?
5. **Setzen Sie einen Zeitrahmen:** Legen Sie eine klare Frist fest, bis wann Sie das Ziel erreichen möchten. Dies hilft, den Fokus zu behalten und Prioritäten zu setzen.
6. **Können Sie das Ziel aus eigener Kraft erreichen:** Stellen Sie sicher, dass Sie das Ziel eigenverantwortlich und nicht in Abhängigkeit anderer erreichen können.

Ein Beispiel für ein Ziel nach S.M.A.R.T.E. könnte sein: „Innerhalb der kommenden sechs Monate werde ich ein strukturiertes Coaching-Programm für neue Mitarbeiterinnen entwickeln und implementieren."

Befolgen Sie diese Schritte, können Sie sicherstellen, dass Ihre Ziele klar definiert, erreichbar, messbar und (wichtig!) motivierend sind. Das hilft Ihnen dabei, sie effektiver zu verfolgen und umzusetzen.

In diesen Situationen ist die Anwendung sinnvoll

- *Mitarbeiterinnenbindung:* Setzen Sie klare Ziele zur Steigerung der Mitarbeiterinnenbindung, indem Sie Programme oder Maßnahmen entwickeln, die das Arbeitsumfeld verbessern. Beispielhaft könnten konkrete Ziele die Einführung flexibler Arbeitszeitmodelle oder die Implementierung von Mitarbeiterinnenbefragungen sein, um Feedback zu sammeln und auf Verbesserungsmöglichkeiten einzugehen.
- *Recruiting:* Definieren Sie messbare Ziele für das Recruiting, wie die Reduzierung der Zeit bis zur Einstellung oder die Steigerung der Vielfalt im Bewerberinnenpool. Durch die Festlegung von konkreten Kriterien können Sie den Erfolg Ihrer Recruiting-Strategien besser messen und verbessern.
- *Personalentwicklung:* Setzen Sie Ziele zur Weiterentwicklung der Mitarbeiterinnenkompetenzen, beispielsweise durch die Einführung eines Schulungsprogramms für spezifische Fähigkeiten oder die Erhöhung der Teilnahmequoten an Weiterbildungsinitiativen.
- *Change-Management:* Definieren Sie klare Ziele für Veränderungsprozesse, wie beispielsweise die Einführung neuer Arbeitsabläufe oder die Integration neuer Technologien. Diese Ziele sollten darauf abzielen, den Erfolg des Veränderungsprozesses zu messen und sicherzustellen, dass die Mitarbeiterinnen den Wandel positiv annehmen.

- *Zielorientierte Boni:* Definieren Sie spezifische, messbare Ziele für die Mitarbeiterinnen, die mit einem Bonus belohnt werden sollen. Zum Beispiel könnten das Umsatzziele, die Erreichung bestimmter Leistungskennzahlen oder die erfolgreiche Umsetzung von Projekten sein.

Indem HR-Kräfte auf S.M.A.R.T.E.-Ziele setzen, können sie den Fokus auf konkrete, messbare Schritte legen, um die Mitarbeiterinnenbindung zu stärken, effektiver zu rekrutieren, die Mitarbeiterinnenentwicklung zu fördern und Veränderungsprozesse erfolgreich zu gestalten.

4.17 SWOT-Analyse

SWOT steht für **S**trengths (Stärken), **W**eaknesses (Schwächen), **O**pportunities (Chancen) und **T**hreats (Risiken).

Der Vollständigkeit halber sei gesagt, dass dieses Tool kein klassisches Coaching-Tool ist, sondern aus dem Bereich des strategischen Managements stammt und trotzdem gerne im Coaching angewendet wird.

Stellen Sie sich vor, Sie sind eine Kapitänin, die ihr Schiff durch stürmische Gewässer steuert. Die SWOT-Analyse ist dabei Ihre Navigationskarte. Sie hilft Ihnen, Ihre Reise zu planen, weil sie Ihnen dabei nutzt, die Stärken, Schwächen, Chancen und Gefahren zu identifizieren, denen Sie auf Ihrer Reise begegnen könnten.

Ihre Stärken sind Ihre erfahrenen Matrosinnen und Ihr zuverlässiges Schiff, während die Schwächen begrenzte Vorräte oder unvorhersehbare Wetterbedingungen sind. Die Chancen bestehen darin, neue Handelsrouten zu entdecken, während die Gefahren in Piratenangriffe oder gefährliche Untiefen schlummern.

Indem Sie Ihre SWOT-Analyse wie Ihre Navigationskarte verwenden, treffen Sie klügere Entscheidungen, um Ihre Reise sicher und erfolgreich zu gestalten. Sie können Ihre Stärken nutzen, Ihre Schwächen minimieren, Chancen ergreifen und Gefahren (Risiken) umschiffen.

Willkommen zurück, im Hier und Jetzt! Die SWOT-Analyse ist demnach eine strategische Bewertungsmethode, die die internen Stärken und Schwächen sowie externe Chancen und Risiken eines Unternehmens identifiziert, um fundierte Geschäftsentscheidungen zu treffen.

Im HR-Bereich kann die SWOT-Analyse verwendet werden, um sich einen umfassenden Überblick über die internen und externen Faktoren zu machen, die die Abteilung, Arbeitsumgebung und die Mitarbeiterinnen beeinflussen.

Die SWOT-Analyse kann als Leitfaden für die Entwicklung und Umsetzung von HR-Strategien, genutzt werden, um das Personalmanagement effektiv zu gestalten.

- **Stärken (Strengths) im HR:**
  - Identifikation von qualifizierten und engagierten Mitarbeiterinnen

- Effektive interne Kommunikation und Teamzusammenarbeit
- Gute Arbeitsplatzkultur und Mitarbeiterinnenzufriedenheit
- **Schwächen (Weaknesses) im HR:**
  - Mögliche Engpässe in der Talentakquise oder -entwicklung.
  - Herausforderungen bei der Mitarbeiterinnenbindung oder -motivation
  - Prozessineffizienzen in HR-Abläufen
- **Chancen (Opportunities) im HR:**
  - Nutzung neuer Technologien für effizientere HR-Operations
  - Implementierung von flexiblen Arbeitsmodellen (remote, hybrid, Teilzeit etc.)
  - Förderung von Diversität und Inklusion im Arbeitsumfeld
- **Risiken (Threats) im HR:**
  - Fachkräftemangel oder Konkurrenz um talentierte Mitarbeiterinnen
  - Gesetzliche Änderungen oder Compliance-Herausforderungen
  - Technologische Veränderungen, die bestimmte Fähigkeiten überflüssig machen könnten
  - Gesetzliche Novellen, Vorgaben, Entscheidungen

So werden sie zur Kapitänin

Schritt 1: Definition des Ziels:

- Klären Sie den Zweck der SWOT-Analyse. Möchten Sie die Positionierung des Unternehmens überprüfen, ein neues HR-Tool einführen oder strategische Entscheidungen treffen?

Schritt 2: Identifikation der Stärken (Strengths):

- Analysieren Sie interne Faktoren, die Ihrem Unternehmen Vorteile verschaffen.
- Fragen Sie nach hervorstechenden Fähigkeiten, Ressourcen, Technologien oder Talenten
- Beachten Sie Aspekte wie Unternehmenskultur, Reputation und finanzielle Stabilität.

Schritt 3: Identifikation der Schwächen (Weaknesses):

- Untersuchen Sie die internen Faktoren, die Herausforderungen darstellen könnten.
- Fragen Sie sich nach möglichen Engpässen, ineffizienten Prozessen oder fehlenden Ressourcen.
- Berücksichtigen Sie auch die Schwächen in der Mitarbeiterinnenleistung oder in der Unternehmensstruktur.

Schritt 4: Identifikation der Chancen (Opportunities):

- Analysieren Sie externe Faktoren, die positive Entwicklungen ermöglichen könnten.

4.17 SWOT-Analyse

- Begeben Sie sich auf die Suche nach Trends, Marktveränderungen, neuen Technologien oder Gesetzesänderungen.
- Erwägen Sie auch Co-Creations oder Marktlücken.

Schritt 5: Identifikation der Risiken (Threats):

- Untersuchen Sie externe Faktoren, die Risiken für das Unternehmen darstellen könnten.
- Beachten Sie Wettbewerbsdruck, sich ändernde Bedürfnisse und auch politische oder wirtschaftliche Unsicherheiten.
- Prüfen Sie mögliche technologische Entwicklungen, die das Vorhaben beeinflussen könnten.

Schritt 6: Erstellung einer SWOT-Matrix:

- Organisieren Sie die identifizierten Punkte in einer Matrix mit vier Quadranten (Stärken, Schwächen, Chancen, Risiken) Abb. 4.3
- Platzieren Sie die wichtigsten Punkte in den entsprechenden Quadranten.

Schritt 7: Ableiten von Strategien:

- Entwickeln Sie Strategien, die auf den Erkenntnissen der SWOT-Analyse basieren.
- Nutzen Sie die Stärken, um die Chancen zu nutzen.
- Arbeiten Sie an der Beseitigung von den Schwächen, um die Risiken zu minimieren.

Abb. 4.3 SWOT-Analyse

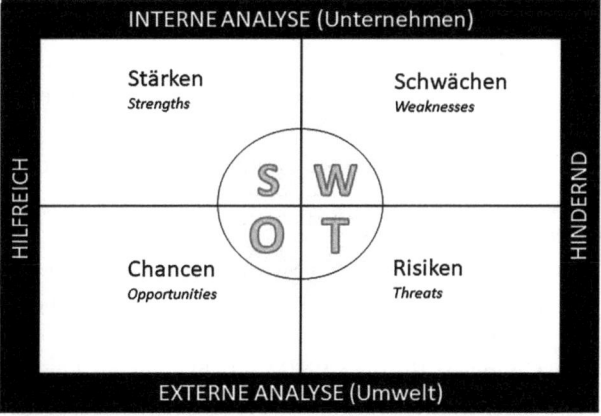

SWOT-Analyse, erstellt von Nina C. Kraft

Schritt 8: Umsetzung und Überwachung:

- Setzen Sie die entwickelten Strategien um und überwachen Sie die Ergebnisse.
- Passen Sie die Strategien bei Bedarf an, um auf sich ändernde Bedingungen zu reagieren. Stichwort: Flexibilität!

In diesen Situationen ist die Anwendung sinnvoll

- *Talentakquise und -entwicklung:*
  - **Stärken:** Identifizieren Sie die Fähigkeiten und Qualifikationen der aktuellen Mitarbeiterinnen.
  - **Schwächen:** Erkennen Sie die Lücken in den Kompetenzen und Fähigkeiten des Teams.
  - **Chancen:** Halten Sie Ausschau nach neuen Möglichkeiten für Fortbildungen und Entwicklungsmöglichkeiten.
  - **Risiken:** Bewerte Sie den Fachkräftemangel oder mögliche Engpässe in bestimmten Skills.
- *Mitarbeiterinnenbindung und -zufriedenheit:*
  - **Stärken:** Analysieren Sie die positiven Aspekte der Unternehmenskultur und Mitarbeiterinnenzufriedenheit.
  - **Schwächen:** Identifizieren Sie potenzielle Unzufriedenheitsquellen oder Kommunikationsprobleme.
  - **Chancen:** Prüfen Sie neue Ansätze zur Motivation und -bindung.
  - **Risiken:** Achten Sie auf Anzeichen von Unzufriedenheit, die zu Fluktuation führen könnten.
- *Strategische Personalplanung:*
  - **Stärken:** Betrachten Sie die bestehende Mitarbeiterinnenstruktur und die vorhandenen Fähigkeiten.
  - **Schwächen:** Demaskieren Sie potenzielle Lücken oder Überbesetzungen in bestimmten Bereichen.
  - **Chancen:** Identifizieren Sie mögliche Expansionen, Projekte oder neue Geschäftsbereiche.
  - **Risiken:** Beachten Sie externe Faktoren wie Technologieänderungen, die die Arbeitskraft beeinflussen könnten.
- *Diversity und Inklusion:*
  - **Stärken:** Analysieren Sie die Vielfalt und Inklusion innerhalb des Unternehmens.
  - **Schwächen:** Identifizieren Sie Bereiche, in denen Diversität und Inklusion verbessert werden können.
  - **Chancen:** Erörtern Sie Möglichkeiten zur Förderung von Vielfalt und Inklusion im Unternehmen.

– **Risiken:** Achten Sie auf mögliche Diskriminierungsherausforderungen und/oder rechtliche Risiken und gesetzliche Vorgaben.
- *Anpassung an neue Arbeitsmodelle:*
  – **Stärken:** Evaluieren Sie die Flexibilität der bestehenden Arbeitsstrukturen.
  – **Schwächen:** Identifizieren Sie Hindernissen für die Implementierung von beispielsweiser hybrider Arbeit oder flexiblen Arbeitszeiten.
  – **Chancen:** Erkunden Sie Möglichkeiten zur Integration neuer Arbeitsmodelle.
  – **Risiken:** Abschätzen von potenziellen Risiken, wie zum Beispiel mangelnder Teamzusammenhalt bei hybrider Arbeit.

Ich persönlich finde die SWOT-Analyse sehr hilfreich, um Strategien an die dynamischen Bedürfnisse des Unternehmens anzupassen, sich intensiv mit einem Thema aus verschiedenen Blickwinkeln zu beschäftigen und proaktiv auf Herausforderungen und Chancen im Personalmanagement zu reagieren.

4.18 Walt-Disney-Methode

Die Methode, die (wie der Name schon verrät) auf den berühmten Filmemacher Walt Disney zurückgeht, ist eine kreative Herangehensweise, die auf dem Konzept basiert, dass verschiedene Persönlichkeitsaspekte in einem kreativen Prozess zusammenarbeiten können. Sie wird auch als „Disney-Kreativitätsstrategie" oder „Disney-Dreieck" bezeichnet. Disney hat sie wohl immer wieder beim Erfinden von neuen Geschichten eingesetzt und sich der Überlieferung nach extra entsprechende Räume eingerichtet.

Die Methode basiert auf der Idee, dass Menschen drei grundlegende Persönlichkeitszustände haben, die für kreatives Denken relevant sind:

1. **Die Träumerin** erlaubt sich kreativ zu träumen, ohne Einschränkungen oder Urteile. Es geht darum, Ideen fließen zu lassen und der Fantasie freien Lauf zu lassen.
2. **Die Realistin** betrachtet die praktische Umsetzbarkeit der Träume und entstandenen Ideen. Die Visionen werden auf Machbarkeit geprüft und realistische Schritte geplant.
3. **Die Kritikerin** legt den Fokus auf die kritische Analyse. Die Ideen werden auf Herz und Nieren bzw. auf Stärken und Schwächen geprüft, aus verschiedenen Perspektiven betrachtet und noch nicht bedachte Probleme identifiziert.

Die Idee hinter der Methode ist, bewusst zwischen den drei beschriebenen Zuständen zu wechseln, um eine umfassende und ausgewogene Betrachtung einer kreativen Idee zu gewährleisten. Durch die Unterstützung der Methode wird die Kreativität gefördert und dabei gleichzeitig pragmatische Lösungen entwickelt.

Diese Methode kann wunderbar von oder mit einzelnen Personen eingesetzt werden, aber auch sehr gewinnbringend im Team. Wichtig ist zu beachten, dass die erfolgreiche

Anwendung der Walt-Disney-Methode Übung bzw. adäquate Begleitung erfordert. Eine strikte Trennung der Rollen ist notwendig, um die gewünschten Effekte zu erzielen.

Um nicht ganz so theoretisch zu bleiben, möchte ich die Methode anhand eines Beispiels greifbarer machen:

> **Fallbeispiel**
> *Situation:* Eine HR-Abteilung bei einem international agierenden Konzern, bestehend aus den Teammitgliedern Herrn Körük, Frau Ginster und Frau Thomahan, möchte innovative Recruiting-Ideen entwickeln. In diesem Szenario wenden sie die Walt-Disney-Methode an, um verschiedene Perspektiven einzubringen und kreative Ansätze zu fördern.
>
> 1. **Die Träumerin:** Herr Körük übernimmt die Rolle der Träumerin. Seine Aufgabe ist es, sich frei auszudrücken und alle möglichen Ideen zu generieren, ohne dabei Einschränkungen oder Realitätschecks zu beachten. Er könnte beispielsweise vorschlagen, Virtual-Reality-Recruiting-Events zu veranstalten, bei denen Bewerberinnen die Unternehmenskultur oder den Arbeitsalltag erleben können, bevor sie sich bewerben.
> 2. **Die Realistin:** Frau Ginster übernimmt die Rolle der Realistin. Sie bewertet die vorgeschlagenen Ideen aus der vorherigen Phase. Frau Ginster könnte darauf hinweisen, dass Virtual-Reality-Veranstaltungen zwar innovativ sind, aber meist auch kostspielig und technisch anspruchsvoll sind. Sie schlägt vor, realistischere Ansätze wie die Optimierung der Online-Bewerbungsplattform oder die Nutzung von KI für die erste Auswertung von Bewerbungen zu prüfen.
> 3. **Die Kritikerin:** Frau Thomahan übernimmt die Rolle der Kritikerin und betrachtet die Ideen aus Sicht möglicher Herausforderungen und Bedenken. Sie könnte darauf hinweisen, dass Virtual-Reality-Veranstaltungen und KI möglicherweise nicht den persönlichen Kontakt und die zwischenmenschliche Beziehung fördern, die beim Recruiting oft entscheidend sind. Als Kritikerin schlägt sie vor, sicherzustellen, dass innovative Ansätze nicht die menschliche Komponente des Recruiting-Prozesses vernachlässigen.

Durch das Schlüpfen in die verschiedenen Rollen ermöglicht die Walt-Disney-Methode eine holistische Betrachtung der Recruiting-Ideen. Die Diskussionen zwischen den Teammitgliedern führen zu ausgewogenen und durchdachten Lösungen. Nach mehreren Durchgängen der Methode können die Teammitglieder zu innovativen, realistischen und gut durchdachten Recruiting-Ideen gelangen, die verschiedene Perspektiven berücksichtigen und den Herausforderungen der HR-Abteilung gerecht werden.

In diesen Situationen ist die Anwendung sinnvoll

- *Recruiting:* Wie im vorherigen Beispiel dargestellt, eignet sich die Walt-Disney-Methode hervorragend für die Entwicklung innovativer Recruiting-Strategien. HR-Mitarbeiterinnen können durch die verschiedenen Rollen sicherstellen, dass ihre Ideen nicht nur kreativ und innovativ, sondern auch realistisch und mit den Bedürfnissen aller Interessengruppen in Einklang stehen.
- *Teamentwicklung:* Fördern Sie die Teamzusammenarbeit und -entwicklung, um mit der Methode verschiedene Ansätze zur Verbesserung der Teamdynamik zu finden. Die Rollen ermöglichen es Teammitgliedern, ihre Perspektiven zu teilen und gemeinsam Lösungen zu finden, um die Teamarbeit zu stärken.
- *Mitarbeiterinnenmotivation und – engagement:* Die Methode kann verwendet werden, um Ideen für die Steigerung des Mitarbeiterinnenengagements und der Motivation zu entwickeln. Dabei können unterschiedliche Ansätze zur Anerkennung, Vergütungssysteme oder Personalentwicklung entwickelt werden.
- *Innovationsförderung im HR:* Im Bereich der personalbezogenen Innovationen, sei es in den Bereichen Weiterbildung, Talentmanagement oder Mitarbeiterentwicklung, ermöglicht die Walt-Disney-Methode, kreative und realistische Ansätze zu entwerfen, um den sich ständig ändernden Anforderungen des Arbeitsmarktes gerecht zu werden.

Insgesamt bietet die Anwendung der Walt-Disney-Methode uns HR-Professionals eine strukturierte und kreative Möglichkeit, verschiedene Perspektiven zu erforschen und innovative Lösungen in verschiedenen Aspekten unserer Arbeit zu generieren. Und ganz nebenbei macht diese Methode, unter uns gesagt, auch großen Spaß!

4.19 Brainstorming (nach Alex Osborn)

Brainstorming (Osborn, 1953),[5] kennen Sie sicher als kreative Technik, die oft zur Ideenfindung und neuen Lösung von Herausforderungen eingesetzt wird. Als HR-Verantwortliche können Sie Brainstorming auch als Tool nutzen, um Mitarbeiterinnen zu unterstützen, neue Perspektiven zu gewinnen, Lösungen zu entwickeln und/oder berufliche Ziele zu klären.

Let the Brain storm

1. **Klare Ziele setzen:**
   - Definieren Sie im Vorfeld klar, welches Ziele Sie mit dem Brainstorming erreichen möchten und kommunizieren Sie das bitte auch. Möchten Sie beispielsweise Ideen

---

[5] Osborn, A. F. (1953), Applied Imagination: Principles and Procedures of Creative Problem-Solving.

für die berufliche Entwicklung einer Mitarbeiterin sammeln oder verfolgen Sie eine gemeinsame Lösungsfindung für eine spezifische Herausforderung?
2. **Teilnehmerinnen mit einbeziehen:**
   – Laden Sie die relevanten Teammitglieder ein, die am Brainstorming teilnehmen sollen, aber verraten Sie nicht zu viel zum Thema. Haben Sie bei der Auswahl im Blick, dass die Gruppe divers ist und so verschiedene Perspektiven einbracht werden können.
3. **Einen geeigneten Ort und Zeitpunkt wählen:**
   – Planen Sie das Brainstorming in einer ruhigen Umgebung, die frei von Ablenkungen und Störung ist. Stellen Sie sicher, dass ausreichend Zeit für das Vorhaben vorhanden ist.
4. **Regeln festlegen:**
   – Erklären Sie die Regeln des Brainstormings, z. B. den Fakt, dass in der Phase keine Idee als falsch oder unpassend gilt. Ziel ist es, eine offene und kreative Arbeitsatmosphäre zu schaffen.
5. **Moderation übernehmen:**
   – Wer die Moderation übernimmt, muss im Vorfeld festgelegt werden. Es ist ratsam, dass die Person, die das Anliegen hat, die Rolle der Moderatorin übernimmt. Wer das Brainstorming leitet, sollte alle Teilnehmerinnen ermutigen, ihre Ideen zu teilen.
6. **Let it flow:**
   – Spinnen Sie rum! Denken Sie verrückt! Denken Sie an das Unmögliche! Nutzen Sie auch verschiedene Fragetechniken, um den Flow anzuregen, wenn der Flow stockt. Ein Implus, den ich Ihnen an dieser Stelle mitgeben möchte: Manchmal liegt im Gaga die Lösung!
7. **Kategorisierung und Priorisierung:**
   – Zu Ende „gehirnt"? Nun ist es an der Zeit die Ideen zu kategorisieren und zu priorisieren. Das trägt dazu bei, den Fokus auf die vielversprechendsten Ansätze zu legen.
8. **Aktionspläne entwickeln:**
   – Gemeinsam mit den Teilnehmerinnen werden konkrete Aktionspläne basierend auf den generierten Ideen entwickelt (wenn angemessen). Sinnvoll ist es, kritisch zu hinterfragen, ob die Ideen in die Realität übersetzbar sind.
9. **Follow-Up:**
   – Verfolgen Sie den Fortschritt der umgesetzten Ideen und unterstützen Sie gegebenenfalls Teammitglieder bei Bedarf weiterhin im Prozess. Sollten Sie mit der Umsetzung betraut sein, dann fragen Sie sich selbst „Brauche ich Unterstützung?".
10. **Sahnehäubchen- Feedback sammeln:**
    – Sammeln Sie Feedback von den Teilnehmerinnen nach dem Brainstorming, um den Prozess zu verbessern und sicherzustellen, dass die Bedürfnisse und Erwartungen erfüllt wurden.

4.19 Brainstorming (nach Alex Osborn)

Wenn Sie Brainstorming als Methode im HR-Alltag nutzen, können Sie die Kreativität und das Problemlösungsvermögen der Mitarbeiterinnen fördern und gleichzeitig einen unterstützenden Raum für ihre berufliche Entwicklung schaffen.

In diesen Situationen ist die Anwendung sinnvoll

- *Berufliche Entwicklung:* Wenn Mitarbeiterinnen ihre berufliche Entwicklung planen oder unsicher sind, welchen nächsten Schritt sie unternehmen sollten, kann Brainstorming genutzt werden, um verschiedene Karriereoptionen zu erkunden oder überhaupt erst auf sie zu kommen. Bitte lassen Sie hier die Teilnehmerinnen von der betreffenden Person festlegen. Brainstorming geht auch wunderbar zu zweit!
- *Lösung von Herausforderungen:* Bei der Bewältigung von beruflichen Herausforderungen oder Problemen kann Brainstorming helfen, kreative Lösungsansätze zu finden.
- *Teamarbeit und Zusammenarbeit:* Um die Zusammenarbeit und das Teamklima zu stärken, können Sie bzw. die Teams Brainstorming verwenden, um Ideen für effektivere Arbeitsprozesse zu entwickeln.
- *Strategieentwicklung:* Bei der Entwicklung oder Überarbeitung von Unternehmensstrategien kann Brainstorming dazu beitragen, verschiedene und vor allem neue strategische Ansätze zu finden.
- *Change-Management:* In Zeiten organisatorischen Wandels kann Brainstorming dazu beitragen, mögliche Auswirkungen zu erkunden, Widerstand zu bewältigen und konstruktive Lösungen zu entwickeln. Gehen Sie hier beispielsweise mit der Fragestellung „Auf wen hat das Auswirkungen und welche Auswirkungen sind das genau?" in den Prozess.
- *Recruiting:* Nutzen Sie Brainstorming, um innovative Ideen für die Gewinnung von Talenten zu generieren. Frage zum Beispiel: „Wie könnten wir neue Wege finden, um qualifizierte Kandidatinnen anzuziehen?"

Auf den ersten Blick wirkt es vielleicht ungewöhnlich die Methode in den aufgeführten Situationen zu nutzen, aber Sie werden sehen, dass Sie einen sehr wertvollen Impact auf das Thema haben kann.

4.20 Osborn-Checkliste

Es geht direkt weiter mit Alex Osborn und der Osborn-Checkliste, auch als „Brainstorming Checklist" bekannt (Osborn, 1953)[6]. Sie wurde von Osborn entwickelt und ist ein strukturierter Ansatz für kreatives Denken und Ideenfindung. Die Methode besteht darin, eine Liste von Fragen zu verwenden, um kreative Ideen zu generieren, den findigen Denkprozess zu stimulieren und neue Perspektiven zu eröffnen. Die Checkliste ist eine sehr gute Ergänzung zur vorangegangenen Methode „Brainstorming".

Die Fragen der Osborn-Checkliste

1. Brainstorming: Sammeln Sie so viele Ideen wie möglich, ohne sie zu bewerten.
2. Kombinieren: Wie können Sie verschiedene Ideen kombinieren, um etwas Neues zu schaffen?
3. Anpassen: Wie können Sie etwas anpassen oder verändern, um es besser zu machen?
4. Abwandeln: Wie können Sie eine Idee abwandeln oder verändern, um sie anders zu gestalten?
5. Übertreiben: Wie können Sie eine Idee übertreiben oder verstärken, um zu sehen, was passiert?
6. Umkehren: Wie können Sie eine Idee umkehren oder invertieren, um neue Perspektiven zu gewinnen?
7. Entfernen: Was passiert, wenn Sie etwas entfernen oder reduzieren?
8. Ersetzen: Wie können Sie eine Komponente durch etwas anderes ersetzen?
9. Verbinden: Wie können Sie Ideen oder Elemente miteinander verbinden, um etwas Neues zu schaffen?
10. Anwenden: Wie können Sie Ideen in verschiedenen Kontexten oder auf unterschiedliche Weise anwenden?

Meine persönliche Erfahrung ist, dass die Osborn-Checkliste eine offene und kollaborative Arbeitsatmosphäre fördert, in der Teilnehmerinnen ermutigt werden, eingefahrene Denkmuster zu durchbrechen. Sie kann eine sehr nützliche Ergänzung bei Brainstorming-Sitzungen sein, aber auch in verschiedenen Kontexten in der HR-Welt eingesetzt werden, um kreative Lösungen für Herausforderungen zu entwickeln.

---

[6] Osborn, A. F. (1953), Applied Imagination: Principles and Procedures of Creative Problem-Solving.

4.21 Nunchi

Nunchi ist ein koreanischer Begriff, der die Fähigkeit beschreibt, die Gefühle, Absichten und Stimmungen anderer Menschen zu erfassen und darauf angemessen zu reagieren. Es ist eine Art soziales Geschick, das oft sinngemäß als emotionale Intelligenz, Einfühlsamkeit oder auch Fingerspitzengefühl übersetzt wird. Allerdings setzt sich der Begriff aus den koreanischen Wörtern „Nun" (눈), was Auge bedeutet, und „Chi" (치), was Messung oder Wahrnehmung bedeutet, zusammen. Wörtlich kann man es also am ehesten mit Augenmaß übersetzen.

> **Fallbeispiel**
> Wenn eine Koreanerin fragt: „Bist du durstig?", dann meint sie vermutlich „Ich bin durstig.". Deshalb antwortet man nicht mit „Ja" oder „Nein", sondern: „Was möchtest du trinken?".

Das Nunchi-Konzept können wir HR-Kräfte vor allem so nutzen, dass wir uns bei Unklarheiten oder Unverständnis fragen:

- Was meint mein Gegenüber wirklich?
- Welches Bedürfnis steckt dahinter?
- Gibt es eine subtile Botschaft, die die Person mir vermitteln möchte?

In diesen Situationen ist die Anwendung sinnvoll

- *Recruiting und interne Auswahlprozesse:* Achten Sie doch im nächsten Bewerbungsgesprächen mal darauf, auch nonverbale Signale zu lesen. Das kann Ihnen helfen, nicht nur die fachlichen Qualifikationen, sondern auch die sozialen Fähigkeiten und die Passung zum Unternehmen einer Bewerberin zu bewerten.
- *Teamdynamik verstehen:* Nunchi kann Ihnen helfen, die Stimmung und Dynamik innerhalb von Teams zu erfassen. Durch aufmerksames Zuhören und Beobachten können Sie frühzeitig Konflikte erkennen und Maßnahmen ergreifen, um ein positives Arbeitsumfeld aufrechtzuerhalten.
- *Mitarbeiterinnenengagement fördern:* Ein tieferes Verständnis für die Bedürfnisse und Erwartungen Ihrer Mitarbeiterinnen kann durch die Anwendung von Nunchi verbessert werden. Seien Sie aufmerksam für nonverbale Hinweise, die darauf schließen lassen könnten, dass Mitarbeiterinnen unzufrieden oder gestresst sind. So wird es Ihnen ermöglicht, gezielt auf ihre Bedürfnisse einzugehen und das Mitarbeiterinnenengagement zu fördern.
- *Konfliktmanagement:* Nunchi kann bei der Identifizierung von Konflikten und Spannungen in der Belegschaft helfen. Durch einfühlsame Gespräche und die Fähigkeit,

zwischen den Zeilen zu lesen, können Sie dazu beitragen, Konflikte zu lösen, bevor sie sich verschärfen.
- *Interkulturelle Sensibilität:* In einem globalen Arbeitsumfeld ist es wichtig, interkulturelle Sensibilität zu entwickeln. Nunchi kann Ihnen helfen, die kulturellen Unterschiede in der Belegschaft besser zu verstehen und sicherzustellen, dass HR-Initiativen und -Richtlinien auf verschiedene kulturelle Kontexte abgestimmt sind. Vor allem interessant bei international agierenden Unternehmen.
- *Kommunikation:* Nunchi betont die Fähigkeit, subtile Signale in der Kommunikation zu erkennen. Das ist hilfreich, um klare und effektive Kommunikationsstrategien zu entwickeln und sicherzustellen, dass Informationen innerhalb des Unternehmens effektiv übermittelt werden.

Die Nutzung von Nunchi kann zu einer positiven Unternehmenskultur beitragen, die von Verständnis, Zusammenarbeit und Respekt geprägt ist.

4.22 Manierismus

Manierismus ist ein italienischer Kunststil (ca. 1520), der geprägt ist durch oftmals verzerrte Maßstäbe oder verformte Perspektiven. Um ein besseres Gefühl für das Aussehen zu bekommen, kann ich Ihnen empfehlen „Manierismus" in einschlägigen Suchmaschinen einzugeben. „Die schönste Manier kam dadurch zustande, dass das häufige Nachbilden der schönsten Dinge üblich wurde und man zu diesem Schönsten Hände oder Köpfe, Körper, Beine zusammenfügte und aus allen diesen Schönheiten, soweit man konnte, eine Gestalt machte und das für alle Figuren in jedem Werk besorgte, weswegen man sagt, das es von bella maniera sei." sagte Giorgio Vasari 1550 (Arp, 2014)[7]. Jetzt denken Sie sich wahrscheinlich (und das völlig zurecht), ob Sie in einem Kunstkurs gelandet sind bzw. was dieser Stil mit unserer HR-Arbeit zu tun haben kann. Der Manierismus als metaphorisches Werkzeug im Coaching und HR-Alltag kann dazu dienen, kreative und innovative Ansätze für die Personalentwicklung, Führungsentwicklung und Teambildung zu fördern.

Manierismus kann man vor allem als Metapher für etwas stehen. Eine Möglichkeit ist, dass Sie ein Bild aus dieser Zeit nehmen, die Idee hinter der Kunst erklären und dazu ermutigen die Prinzipien für das zu besprechende Thema zu nutzen.

Beispielsweise können HR-Verantwortliche Manierismus zur Entwicklung persönlicher Leadership-Styles nutzen. Manieristische Künstlerinnen entwickelten ihre ganz individuellen Stile, die sich von traditionellen Normen unterschieden. Mit der Metapher können Sie Führungskräfte ermutigen, ihre eigenen einzigartigen Führungsstile zu entwickeln, die zu ihrer Persönlichkeit und den Anforderungen ihres Teams passen.

---

[7] Hrsg. Arp, R. (2014), 1001 Ideen, die unser Denken beeinflussen.

So können Sie die Kunstreise nutzen

1. *Förderung von kreativer Vielfalt:* Der Manierismus war geprägt von kreativer Vielfalt und individuellem Ausdruck. Im HR können Sie diese Idee nutzen, um die Vielfalt der Fähigkeiten, Perspektiven und Talente in einem Team zu betonen.
2. *Innovation in der Personalentwicklung:* Manieristische Kunst brach mit traditionellen Konventionen und suchte nach neuen Ausdrucksformen. Im HR könnten Sie dies als Aufforderung nutzen, innovative Ansätze in der Personalentwicklung zu fördern. Dies könnte die Einführung neuer Schulungsmethoden, Entwicklung von maßgeschneiderten Programmen und die Integration von kreativen Techniken umfassen.
3. *Kreativer Umgang mit Herausforderungen:* Manierismus zeigte oft unkonventionelle Wege, Herausforderungen darzustellen. Die Idee dahinter ist nützlich, um innovative Lösungen für Probleme zu fördern. Mitarbeiterinnen können ermutigt werden, alternative Perspektiven zu erkunden und neue Herangehensweisen und Herausforderungen zu finden.

Die Anwendung von Manierismus sollte jedoch immer kontextabhängig sein. Es ist wichtig sicherzustellen, dass die metaphorischen Elemente der Kunstbewegung sinnvoll und konstruktiv auf die spezifischen Anforderungen und Ziele des Unternehmens oder Teams angewendet werden.

4.23 Induktives Denken

Das induktive Denken geht auf den englischen Philosophen Francis Bacon (1561–1626) und den Naturalismus zurück. In seinem Novum Scientiarum (Neues Werkzeug der Kenntnisse)[8] regte er erstmal die Lernmethode des induktiven Denkens an. Kurz erklärt, beinhaltet Induktives Denken das Ableiten von allgemeinen Regeln oder Prinzipien aus spezifischen Beobachtungen oder Einzelfällen. Das auf der induktiven Methode basierende Überprüfungssystem wurde wesentlicher Bestandteil für wissenschaftliche Forschungen.

Doch wie können wir uns das in der Business-Welt zu Nutze machen?

Wir können induktives Denken verwenden, dadurch, dass wir aus dem, was wir schon erlebt haben, Muster erkennen. Das kann helfen, kluge Entscheidungen zu treffen und bessere Lösungen für Herausforderungen zu finden, basierend auf dem, was funktioniert hat.

Diese folgenden Schritte können dabei helfen, einen strukturierten Ansatz für induktives Denken zu verfolgen, bei dem spezifische Beobachtungen genutzt werden, um zu allgemeinen Schlussfolgerungen zu gelangen:

---

[8] Bacon, F. (1620). Novum organum scientiarum

1. **Beobachtung und Datensammlung:**
   - Sammeln Sie spezifische Beobachtungen, Daten oder Fälle, auf die Sie sich konzentrieren möchten.
   - Achten Sie darauf, präzise und umfassende Informationen zu sammeln, um eine solide Basis für das induktive Denken zu haben.
2. **Mustererkennung und Kategorisierung**
   - Analysieren Sie die gesammelten Daten, um wiederkehrende Muster, Trends oder Gemeinsamkeiten zu identifizieren.
   - Ordne Sie die Beobachtungen in Kategorien oder Gruppen, um Ähnlichkeiten zu erkennen.
3. **Entwicklung von Hypothesen oder Schlussfolgerungen**
   - Formulieren Sie basierend auf den identifizierten Mustern oder Trends Hypothesen oder allgemeine Aussagen, die diese Beobachtungen erklären könnten.
   - Überlegen Sie, welche allgemeinen Regeln oder Prinzipien sich aus den spezifischen Beobachtungen ableiten lassen könnten.
4. **Überprüfung und Validierung:**
   - Testen Sie Ihre Hypothesen oder Schlussfolgerungen, indem Sie weitere Beobachtungen sammeln oder Daten analysieren, um zu sehen, ob sie sich bestätigen oder widerlegt werden.
   - Berücksichtigen Sie neue Informationen, die möglicherweise zu anderen Schlussfolgerungen führen könnten.
5. **Ableitung von Schlussfolgerungen**
   - Ziehen Sie allgemeine Schlussfolgerungen oder Prinzipien basierend auf den validierten Hypothesen und den bestätigten Mustern.
   - Formulieren Sie Empfehlungen oder Handlungsstrategien, die auf diesen abgeleiteten Prinzipien beruhen.
6. **Reflexion und Anpassung**
   - Reflektieren Sie über den Prozess und überprüfen Sie, ob die abgeleiteten Schlussfolgerungen angemessen und anwendbar sind.
   - Passen Sie bei Bedarf Ihre Schlussfolgerungen an, basierend auf neuen Beobachtungen oder weiteren Analysen.

Ich möchte darauf hinweisen, dass es wichtig ist, flexibel zu bleiben und den Prozess bei Bedarf anzupassen, um genauere oder präzisere Schlussfolgerungen zu erreichen.

In diesen Situationen ist die Anwendung sinnvoll

- Talentakquise und -entwicklung:
  - *Recruiting:* Induktives Denken kann genutzt werden, um aus vergangenen Einstellungen Muster zu identifizieren, die auf erfolgreiche Kandidatinnen hindeuten könnten.

– *Trainingsbedarf:* Durch die Analyse von Leistungsdaten oder Feedback können HR-Kräfte Muster erkennen, die auf spezifische Trainingsbedürfnisse hinweisen.
- Mitarbeiterinnenengagement und -bindung:
  – *Feedbackanalyse:* Induktives Denken hilft dabei, wiederkehrende Themen aus Mitarbeiterinnenfeedback oder Umfragen zu identifizieren, um gezielte Maßnahmen zur Verbesserung des Engagements zu entwickeln.
  – *Analyse von Austrittsgründen:* Durch das Betrachten von Mustern bei den Gründen für das Ausscheiden von Mitarbeiterinnen können HR-Profis Lösungen zur Mitarbeiterinnenbindung entwickeln.
- Organisationsentwicklung:
  – *Kulturelle Analyse:* Durch die Untersuchung vergangener Ereignisse oder Entwicklungen in der Unternehmenskultur können HR-Verantwortliche Muster erkennen, die eine Veränderung oder Stärkung der Unternehmenskultur erfordern.
  – *Erfolgsmuster:* Induktives Denken kann verwendet werden, um erfolgreiche Praktiken oder Strategien in der Organisation zu identifizieren und sie auf andere Bereiche zu übertragen.
- Konfliktlösung und Teamdynamik:
  – *Konfliktmuster:* Durch die Analyse vergangener Konflikte oder Probleme im Team können HR-Professionals Muster erkennen und präventive Maßnahmen oder Lösungen entwickeln.
  – *Teamperformance:* Induktives Denken hilft, Muster in der Teamdynamik zu erkennen und entsprechende Maßnahmen zur Verbesserung der Teamleistung zu entwickeln.

Wann immer wir im HR mit Daten, Feedback oder vergangenen Ereignissen arbeiten, können wir induktives Denken nutzen, um Muster zu identifizieren, die zur Lösungsfindung, strategischen Entscheidungen oder zur Verbesserung von Arbeitsabläufen und Arbeitsklima beitragen können. Es ermöglicht uns, aus konkreten Beispielen allgemeine Erkenntnisse abzuleiten, um die Effektivität ihrer Arbeit zu steigern.

4.24 Primäre und sekundäre Qualitäten (nach John Locke)

Der englische Arzt und Philosoph John Locke (1632–1704) unterschied primäre und sekundäre Qualitäten, um zu erklären, wie wir die Welt wahrnehmen. Vieles von dem, was wir denken, hängt von unseren Sinnesorganen ab und nicht davon, wie die Welt tatsächlich ist. Primäre Qualitäten sind Eigenschaften, die objektiv in den Dingen existieren, unabhängig von unserer Wahrnehmung (zum Beispiel Größe, Form, Masse). Sekundäre Qualitäten hingegen sind subjektiver und entstehen durch die Reaktion unseres Geistes auf primäre Qualitäten (wie Farbe, Geruch, Geschmack). (Arp, 2014).[9]

---

[9] Hrsg. Arp, R. (2014), 1001 Ideen, die unser Denken beeinflussen.

> **Fallbeispiel**
> Stellen Sie sich vor, Sie habe eine Kiwi. Die primären Qualitäten sind die Merkmale, die die Kiwi immer aufweist, egal wer sie anschaut oder berührt. Das sind z. B. ihre Größe, Form, wie schwer sie ist und was für Nährstoffe enthalten sind.
>
> Die sekundären Qualitäten sind eher die Sachen, die Sie über die Kiwi denken, wenn Sie sie sehen oder probieren. Das ist, wie sie schmeckt (sauer oder süß), wie sich ihr Fruchtfleisch anfühlt (saftig oder fest) und wie sie riecht. Das sind Dinge, die davon abhängen, wie Sie die Kiwi wahrnehmen und wie Ihr Kopf darauf reagiert.
>
> Also, die primären Qualitäten sind die, die die Kiwi immer aufweist, und die sekundären Qualitäten sind mehr das, was Sie denken oder fühlen, wenn Sie die Kiwi ansehen oder essen.

So können Sie Lockes Erkenntnisse in Ihrem Alltag nutzen

1. **Einführung und Verständnis:** Beginnen Sie damit, dem Gegenüber die Grundlagen von Lockes Konzept zu erklären. Veranschaulichen Sie den Unterschied zwischen primären und sekundären Qualitäten anhand von Beispielen, um sicherzustellen, dass das Konzept verstanden wird.
2. **Reflexion:** Bieten Sie Raum zur Selbstreflexion. Ermutigen Sie dazu, die eigenen Erfahrungen zu betrachten und zu identifizieren, welche davon primäre (objektive, unveränderliche) und welche sekundäre (subjektive, interpretative) Qualitäten beinhalten.
3. **Identifikation von Mustern:** Helfen Sie den Mitarbeiterinnen, Muster in ihrem Denken und Handeln zu erkennen, die stark von sekundären Qualitäten geprägt sind. Das könnte beispielsweise das Streben nach äußerer Anerkennung sein, ohne tiefergehend ihre eigenen primären Werte zu berücksichtigen.
4. **Verbindung mit Zielen und Werten:** Nutzen Sie diese Erkenntnisse, um die Verbindung zwischen den primären Qualitäten (wie persönlichen Werten, intrinsischer Motivation) und den sekundären Qualitäten (wie äußerer Erfolg) herzustellen. Helfen Sie ihrem Gegenüber dabei, klarere Ziele zu definieren, die auf den grundlegenden, primären Qualitäten basieren.
5. **Perspektivenwechsel:** Ermutigen Sie dazu, die Situation aus verschiedenen Blickwinkeln zu betrachten. Das bedeutet, nicht nur die oberflächlichen, subjektiven Aspekte zu betrachten, sondern auch die tieferen, objektiveren Faktoren in Betracht zu ziehen.
6. **Kognitive Umstrukturierung:** Wenn die Mitarbeiterin feststeckt oder in Verhaltensweisen gefangen ist, die stark von sekundären Qualitäten beeinflusst wird, können Sie sie mit dem Konzept dabei unterstützen, kognitive Verzerrungen zu erkennen und umzustrukturieren. Das gelingt, wenn Sie die primären Faktoren neu bewerten und integrieren.

Diese Schritte sind nicht als Abfolge zu verstehen, sie können angepasst, individualisiert und einzeln genutzt werden, um den spezifischen Bedürfnissen und Zielen der Mitarbeiterinnen gerecht zu werden. Sie helfen dabei, eine tiefere Reflexion über Werte, Ziele und Denkmuster zu ermöglichen und unterstützen so, klarere und authentischere Entscheidungen zu treffen.

In diesen Situationen ist die Anwendung sinnvoll

- *Recruiting und interne Auswahlprozesse:* Beim Einstellungsprozess kann die Unterscheidung zwischen primären und sekundären Qualitäten helfen, die Kandidatinnenauswahl zu verbessern. Es kann dazu beitragen, sich weniger von oberflächlichen Merkmalen wie dem äußeren Erscheinungsbild oder dem ersten Eindruck leiten zu lassen und stattdessen auf grundlegende, objektive Fähigkeiten und Eigenschaften zu fokussieren, die für die Position relevant sind.
- *Talententwicklung und Weiterbildung:* Im Bereich der Mitarbeiterinnenentwicklung kann das Konzept genutzt werden, um die Ausrichtung von Schulungsprogrammen und Weiterbildungsmaßnahmen zu verbessern. Indem Sie die primären Qualitäten wie die Kernkompetenzen und Fähigkeiten, die für die Karriereentwicklung entscheidend sind, betont, kann man gezieltere und effektivere Entwicklungspläne gestalten.
- *Leistungsmanagement:* Bei der Bewertung von Mitarbeiterinnenleistungen kann Ihnen die Unterscheidung zwischen primären und sekundären Qualitäten helfen, objektivere und fairere Bewertungskriterien festzulegen. Anstatt sich ausschließlich auf subjektive Eindrücke oder persönliche Beziehungen zu verlassen, können Sie die Leistung anhand messbarer, objektiver Kriterien beurteilen.
- *Konfliktlösung und Kommunikation:* Das Verständnis von primären und sekundären Qualitäten kann Ihnen als HR-Managerin helfen, Konflikte innerhalb des Teams zu lösen, weil Sie so die tiefliegenden Ursachen identifizieren. Es kann auch dabei unterstützen, die Kommunikation zu verbessern, denn Sie machen sich bewusst, wie subjektive Interpretationen von Informationen entstehen und wie man sie klärt.
- *Kulturelle Veränderungen und Unternehmenswerte:* Wenn ein Unternehmen seine Kultur verändern oder seine Werte betonen möchte, kann die Unterscheidung zwischen primären und sekundären Qualitäten helfen, um sicherzustellen, dass diese Veränderungen auf den fundamentalen, objektiven Werten des Unternehmens basieren und nicht nur oberflächlich sind.

Insgesamt kann das Konzept von John Lockes primären und sekundären Qualitäten im HR-Bereich dazu beitragen, fairere, objektivere und zielgerichtetere Entscheidungen in Bezug auf Einstellung, Entwicklung, Leistungsmanagement und Unternehmenskultur zu treffen. Es ermöglicht eine tiefere Reflexion über die zugrunde liegenden Faktoren, die das Verhalten und die Leistung der Mitarbeiterinnen beeinflusst.

4.25 Pareto-Prinzip

Das Pareto-Prinzip, auch als Pareto-Effekt oder 80-zu-20-Regel bekannt, wurde von Vilfredo Pareto formuliert, einem italienischen Ökonomen, der beobachtete, dass etwa 80 % des Landes in Italien von 20 % der Bevölkerung besessen wurde. Das Pareto-Prinzip besagt demnach, etwa 80 % der Ergebnisse durch 20 % des Gesamtaufwands erreicht werden (Pareto, 1964)[10].

Das Pareto-Prinzip zeigt auf, dass eine kleine Anzahl von Ursachen oder Kunden für den größten Teil der Ergebnisse oder Einnahmen verantwortlich ist. Manche Unternehmen nutzen diese Erkenntnis, um klüger zu investieren: Sie fokussieren sich auf die 20 %, die den größten Wert generieren bzw. Nutzen bringen und optimieren so ihre Ressourcen.

Alright, und was hat das nun mit Coaching bzw. HR zu tun?

Das Pareto-Prinzip wird im Coaching dazu genutzt, die Prioritäten zu setzen und die Effizienz zu steigern. Konzentriert man sich auf die kritischen 20 % der Aufgaben oder Herausforderungen, die den größten Nutzen bringen, können Coachin und Klientin gemeinsam gezieltere und effektivere Lösungen entwickeln. Es hilft, den Fokus zu schärfen und Zeit sowie Energie auf die wesentlichen Bereiche zu lenken, um bessere Ergebnisse zu erzielen.

Das Pareto-Prinzip ist vielseitig anwendbar und es kann hilfreich sein, das Prinzip in verschiedenen Bereichen im HR zu nutzen.

So können Sie die Beobachtung eines italienischen Ökonomen in Ihrem Alltag nutzen

1. **Identifikation der relevanten Bereiche:** Überlegen Sie, in welchen HR-Bereichen das Pareto-Prinzip in Ihrem Unternehmen angewendet werden kann.
2. **Daten sammeln und analysieren:** Sammeln Sie Daten, um herauszufinden, wo die 80/20-Regel zutrifft bzw. zu treffen sollte. Beispielsweise sind das Leistungsdaten der Mitarbeiterinnen, Erfolgsquoten beim Recruiting, Fähigkeitsbewertungen oder andere metrische Informationen.
3. **Identifikation der 20 % mit dem größten Einfluss:** Analysieren Sie die Daten, um die 20 % der wesentlichen Faktoren/Elemente zu identifizieren, die den größten Einfluss auf das Gesamtergebnis haben. Das können die Top-Performerin, die wichtigsten Fähigkeiten oder die pressierensten Verbesserungs- bzw. Handlungsbereiche sein.
4. **Priorisierung und Fokussierung:** Konzentrieren Sie sich auf die in Punkt 3 analysierten Schlüsselbereiche und priorisieren Sie sie in Ihren HR-Strategien. Richten Sie Ressourcen und Maßnahmen gezielt auf diese 20 % aus, um diese zu verbessern und/oder zu optimieren.

---

[10] Pareto, V. (1964), Cours d'Économie Politique: Nouvelle édition par G.-H. Bousquet et G. Busino.

5. **Überprüfung und Anpassung:** Überwachen Sie regelmäßig die Auswirkungen der Maßnahmen. Analysieren Sie regelmäßig, ob die Annahmen weiterhin gelten oder ob sich neue/weitere Schlüsselbereiche herausgebildet haben.
6. **Kontinuierliche Anwendung und Optimierung:** Wenden Sie das Pareto-Prinzip kontinuierlich an und optimieren Sie Ihre Strategien entsprechend den sich ändernden Bedingungen oder neuen Erkenntnissen.

In diesen Situationen ist die Anwendung sinnvoll

- *Leistungsmanagement:* Identifizieren Sie die Bereiche, in denen Mitarbeiterinnen am meisten Wirkung erzielen können. Fokussieren Sie die Leistungsziele auf die 20 % der Aktivitäten oder Aufgaben, die den größten Einfluss auf das Gesamtergebnis haben.
- *Entwicklung und Weiterbildung:* Ermitteln Sie die individuellen Stärken jede Mitarbeiterin und identifizieren Sie die 20 % der Fähigkeiten oder Kompetenzen, die den größten Beitrag zur beruflichen Entwicklung leisten können. Bieten Sie gezielte Weiterbildungsmaßnahmen an, um diese Stärken weiter auszubauen.
- *Karriereplanung:* Unterstützen Sie die Mitarbeiterinnen dabei, klare berufliche Ziele zu setzen und sich auf die entscheidenden 20 % der Maßnahmen zu konzentrieren, die den größten Einfluss auf ihren Karrierefortschritt haben können.
- *Feedback:* Fokussieren Sie Feedbackgespräche auf die 20 % der Verhaltensweisen oder Aspekte, die den größten Raum für Verbesserungen versprechen.
- *Ressourcenallokation:* Bei der Zuweisung von Ressourcen wie Zeit, Schulungsbudgets oder Entwicklungsmöglichkeiten können Sie mittels Pareto-Effekt, sicherzustellen, dass Sie den größten Nutzen aus ihren Investitionen ziehen.

Nutzen HR-Professionals das Pareto-Prinzip als Leitfaden, können sie ihre Beratung und Unterstützung auf die wichtigsten Bereiche konzentrieren, um die Effektivität und das Wachstum der Mitarbeiterinnen sowie die gesamte Organisation zu fördern.

4.26 Win-Win

Der „Win-Win"-Ansatz konzentriert sich darauf, Lösungen zu finden, die für alle beteiligten Parteien vorteilhaft sind. Oft wird das Harvard Negotiation Project[11] im Zusammenhang mit dem Konzept des „Win-Win" erwähnt. Hierbei geht es darum, dass eine Vereinbarung geschaffen wird, von der beide Seiten profitieren und ihre Ziele erreichen können, ohne dass eine Partei auf Kosten der anderen gewinnt. Im Gegensatz dazu

---

[11] Das Harvard Negotiation Project (HNP) ist eine Organisation, die sich mit Verhandlungstechniken und -strategien befasst.

steht das „Win-Lose"-Szenario, bei dem der Erfolg einer Seite den Misserfolg der anderen bedingt.

Angenommen, Sie sind in einer Besprechung, und zwei Abteilungen haben unterschiedliche Vorschläge, wie das nächste Projekt angegangen werden soll. Es ist vergleichbar mit der Entscheidung zwischen einem klassischen Käse-Sandwich und einem Peanut Butter & Jelly-Sandwich. Die eine Abteilung bevorzugt die solide Struktur und bewährte Methoden eines Käse-Sandwichs, während die andere eher die kreative Vielfalt und Flexibilität eines Peanut Butter & Jelly-Sandwichs bevorzugt.

Statt in eine Debatte darüber zu geraten, welches Sandwich überlegen ist, könnten Sie beide Ansätze vereinen und ein „Käse-Peanut-Butter-Jelly" Sandwich entwickeln. Das wäre eine innovative Kombination aus Stabilität und Kreativität, indem die bewährte Methode des Käse-Sandwichs mit der künstlerischen Note des Peanut Butter & Jelly-Sandwichs verschmolzen wird.

In der Unternehmenswelt würde das bedeuten, bewährte Praktiken mit neuen Ideen zu verbinden, um ein Projekt zu gestalten, das sowohl zuverlässig als auch innovativ ist. Das „Käse-Peanut-Butter-Jelly" Sandwich dient also als Metapher für die gelungene Fusion von Tradition und Kreativität, die zu einem erfolgreichen und einzigartigen Ergebnis führen kann.

Fallbeispiel

Situation: In einem Unternehmen gibt es eine bevorstehende Umstrukturierung in einer Abteilung, die zu Veränderungen in den Verantwortlichkeiten und Arbeitsaufgaben führen wird. Einige Mitarbeiterinnen sind besorgt über die Auswirkungen auf ihre Karriere, während das Unternehmen gleichzeitig sicherstellen muss, dass die Umstrukturierung effektiv und reibungslos verläuft.

1. **Zielklärung und Interessenidentifikation:** Die HR-Professional führt Gespräche mit den betroffenen Mitarbeiterinnen, um ihre individuellen Ziele, Bedenken und Interessen zu verstehen. Dabei wird herausgefunden, was ihnen in ihren Rollen wichtig ist und wie sie die Veränderungen wahrnehmen.
2. **Gemeinsame Interessen finden:** Während dieser Gespräche sucht die HR-Verantwortliche nach Gemeinsamkeiten zwischen den Zielen der Mitarbeiterinnen und den Unternehmenszielen. Beispielsweise könnten die Mitarbeiterinnen Sicherheit in ihren Rollen suchen, während das Unternehmen effizientere Prozesse und verbesserte Leistung anstrebt.
3. **Kreatives Brainstorming:** Im nächsten Schritt wird ein Workshop bzw. Meeting organisiert, um gemeinsam mit den Mitarbeiterinnen Ideen zu generieren. Diese könnten beinhalten, wie die Mitarbeiterinnen in der Umstrukturierung unterstützt werden können, um ihre Fähigkeiten zu erweitern oder neue Möglichkeiten innerhalb des Unternehmens zu eruieren.

4. **Analyse und Entwicklung einer Lösung:** Nachdem Ideen gesammelt wurden, bewertet die Initiatorin (vermutlich HR) zusammen mit den Mitarbeiterinnen, welche Optionen realistisch und vorteilhaft für alle Beteiligten sind. Möglicherweise werden Schulungsprogramme, interne Rotationsmöglichkeiten oder andere Unterstützungsmaßnahmen vorgeschlagen.
5. **Kommunikation und Vereinbarung:** Die ausgearbeitete Lösung wird klar und transparent kommuniziert. Es werden Vereinbarungen getroffen, wie das Unternehmen die Mitarbeiterinnen während der Umstrukturierung unterstützen wird und welche Möglichkeiten sich für die Mitarbeiterinnen eröffnen.
6. **Verfolgung und Anpassung:** Der Prozess wird überwacht, und es gibt regelmäßige Überprüfungen, um sicherzustellen, dass die Maßnahmen tatsächlich wirken und die Bedürfnisse erfüllt werden. Falls nötig, werden Anpassungen vorgenommen.

So kreieren Sie neue Sandwiches

1. **Zielklärung und Interessenidentifikation:** Beginnen Sie damit, die individuellen Ziele und Bedürfnisse jeder beteiligten Partei zu verstehen. Das kann durch offene Gespräche und gezielte Fragen geschehen, um herauszufinden, was für jede Person wichtig ist.
2. **Identifikation gemeinsamer Interessen:** Finden Sie Gemeinsamkeiten zwischen den Zielen und Interessen der verschiedenen Beteiligten. Suchen Sie nach Bereichen, in denen sich die Interessen überschneiden oder komplementär sind.
3. **Kreatives Brainstorming:** Ermutigen Sie alle Beteiligten, Ideen und Vorschläge einzubringen, wie diese gemeinsamen Interessen und Ziele erreicht werden können. Hierbei ist es wichtig, dass alle Ideen zunächst ohne Kritik oder Bewertung gesammelt werden, um eine offene und kreative Atmosphäre zu schaffen.
4. **Analyse und Bewertung:** Gehen Sie die gesammelten Ideen durch und bewerten Sie sie gemeinsam mit den Beteiligten. Schauen Sie, welche Ideen am besten zu den Zielen aller passen und welche potenzielle Lösungen Sie bieten können.
5. **Entwicklung einer Win-Win-Lösung:** Wählen Sie die vielversprechendsten Ideen aus. Arbeiten Sie an der Weiterentwicklung, um eine Lösung zu entwickeln, die für alle Beteiligten von Vorteil ist. Betonen Sie dabei die Vorteile für jede Partei, um sicherzustellen, dass niemand das Gefühl hat, benachteiligt zu werden.
6. **Kommunikation und Vereinbarung:** Stellen Sie sicher, dass die ausgearbeitete Lösung klar und transparent kommuniziert wird. Diskutieren Sie, wie die Lösung umgesetzt werden kann, und arbeiten Sie an einer Vereinbarung, die für alle akzeptabel ist.
7. **Verfolgung und Anpassung:** Überwachen Sie die Umsetzung der Lösung und seien Sie offen für Anpassungen, falls sich neue Bedürfnisse oder Herausforderungen ergeben.

Es ist wichtig, dass diese Methode ein fortlaufender Prozess ist, der sich bei Bedarf weiterentwickelt.

Wird diese Methode angewendet, können alle Beteiligten eine Atmosphäre schaffen, in der sie sich gehört fühlen und gemeinsam an einer Lösung arbeiten, die für jeden von Vorteil ist.

In diesen Situationen ist die Anwendung sinnvoll

- *Konfliktlösung:* Wenn es zwischen Mitarbeiterinnen, Teams oder Abteilungen zu Konflikten kommt, kann der Win-Win-Ansatz helfen, Lösungen zu finden. Es ist wichtig die Bedürfnisse und Ziele aller Parteien berücksichtigen, um eine Win-Win-Situation zu schaffen.
- *Verhandlungen und Vereinbarungen:* Bei Verhandlungen über Verträge, Arbeitsbedingungen oder Vergütungen kann der Ansatz dazu beitragen, Win-Win-Vereinbarungen zu schaffen, die sowohl den Mitarbeiterinnen als auch dem Unternehmen zugutekommen.
- *Change-Management und Umstrukturierungen:* Während Umstrukturierungen oder Veränderungen im Unternehmen kann der Ansatz helfen, die Bedenken der Mitarbeiterinnen zu adressieren und Lösungen zu finden, die ihre Interessen berücksichtigen, während gleichzeitig die Unternehmensziele erreicht werden.
- *Talentmanagement und Karriereentwicklung:* Bei der Förderung von Mitarbeiterinnen oder der Entwicklung von Karriereplänen kann dieser Ansatz dazu beitragen, individuelle Ziele und Unternehmensziele in Einklang zu bringen, um eine Win-Win-Situation zu schaffen, in der sowohl die Mitarbeiterinnen als auch das Unternehmen profitieren.
- *Teambuilding und Zusammenarbeit:* In Situationen, in denen Teams effektiver zusammenarbeiten müssen, kann der Ansatz genutzt werden, um gemeinsame Ziele zu setzen und eine Kultur der Zusammenarbeit zu fördern, die für alle Beteiligten vorteilhaft ist.

Die Anwendung dieses Ansatzes ist nicht auf spezifische Zeitpunkte beschränkt, sondern kann kontinuierlich im HR-Alltag verwendet werden, um eine Unternehmenskultur zu schaffen, die auf Kooperation, Kompromissen und gegenseitigem Nutzen basiert.

4.27 Und was noch?

Die Frage „Und was noch?" ist sprichwörtlich das Ass im Ärmel vieler Coaches. Sie wird häufig verwendet, um eine vertiefte Reflexion und Erkundung eines Themas oder Problems zu fördern. Die Frage soll unser Gegenüber dazu anregen, über ihr aktuelles Verständnis oder ihre aktuelle Situation hinauszudenken, umso möglicherweise unentdeckte Aspekte, Lösungen oder Potenziale zu erkennen.

4.27 Und was noch?

> **Fallbeispiel**
> *Situation:* Frau Nguyen spricht über Schwierigkeiten bei der Bewältigung eines Projekts.
> **Frau Nguyen:** „Ich habe Schwierigkeiten, das Projekt rechtzeitig abzuschließen. Die Fristen sind zu knapp gesetzt."
> **HR:** „Verstehe. Und was noch?"
> **Frau Nguyen:** „Es gibt auch einige Ressourcenengpässe im Team, was die Arbeit zusätzlich erschwert."
> **HR:** „Das klingt herausfordernd. Und was noch?"
> **Frau Nguyen:** „Nun, ich denke, die Projektanforderungen ändern sich ständig, was die Planung erschwert."
> **HR:** „Interessant. Und was noch?"
> **Frau Nguyen:** „Ich denke, ich könnte auch von einer Mentorin oder Expertin Unterstützung gebrauchen, um besser mit solchen dynamischen Anforderungen umzugehen."
> **HR:** „Das sind wichtige Punkte. Und was noch?"
> ….

„Und was noch?" in der Kurzversion

1. Die Mitarbeiterin beschreibt ihr Problem oder seine Situation.
2. Sie fragen: „Und was noch?"
3. Ihr Gegenüber geht tiefer auf das Thema ein und fügt weitere Gedanken oder Informationen hinzu.
4. Sie wiederholen die Frage: „Und was noch?"
5. Der Prozess kann mehrmals wiederholt werden, um eine umfassendere Perspektive zu gewinnen und mögliche Lösungen oder Handlungsschritte zu identifizieren.

In diesen Situationen ist die Fragestellung sinnvoll

1. *Mitarbeiterinnengespräche und Leistungsbeurteilungen:* In Mitarbeiterinnengesprächen können HR-Professionals die Frage „Und was noch?" verwenden, um die Mitarbeiterinnen dazu zu ermutigen, ihre beruflichen Ziele, Herausforderungen und Entwicklungsbedürfnisse genauer zu erörtern. Die Frage ermöglicht es, zusätzliche Informationen und Perspektiven zu erhalten und den Dialog zwischen Mitarbeiterinnen und Führungskräften zu vertiefen. Sollten Sie bei dem Gespräch nicht anwesend sein, geben Sie den Tipp einfach an die zuständige Führungskraft weiter.
2. *Personalentwicklung:* Bei der Identifizierung von Entwicklungsmöglichkeiten für Mitarbeiterinnen kann die Frage „Und was noch?" verwendet werden, um sicherzustellen,

dass alle relevanten Aspekte berücksichtigt werden. So können HR-Verantwortliche gemeinsam mit den Beteiligten umfassende Entwicklungspläne erstellen.
3. *Konfliktlösung:* In Fällen von Konflikten oder Problemen am Arbeitsplatz kann die Frage „Und was noch?" dazu beitragen, die tieferliegenden Ursachen zu identifizieren und mögliche Lösungen zu erkunden. Sie fördert die Offenheit und ermöglicht es den Beteiligten, über den Tellerrand zu schauen.
4. *Mitarbeiterinnenbefragungen:* Bei dem Aufsetzen von Mitarbeiterinnenbefragungen kann die Frage „Und was noch?" inkludiert werden, dadurch können Sie besser verstehen, was die Mitarbeiterinnen bewegt und Maßnahmen ableiten.
5. *Change-Management:* In Zeiten des Wandels oder der Umstrukturierung können Sie die Frage „Und was noch?" verwenden, um sicherzustellen, dass alle Auswirkungen und Bedenken berücksichtigt werden. So werden Akzeptanz und Engagement während des Veränderungsprozesses gefördert.

4.28 Worüber machen Sie sich gerade besonders Gedanken?

Die Frage „Worüber machen Sie sich gerade besonders Gedanken?" ist meine absolute Lieblingsfrage, um in regelmäßige Termine mit Personen zu starten, die scheinbar keine Punkte auf der Agenda haben. Sie ist eine kraftvolle Möglichkeit, tiefer in Themen einzutauchen bzw. sie an die Oberfläche zu holen und verborgene Gedanken oder Potenziale zu entdecken. Die Frage fungiert oft als Schlüssel, um unbenannte und vermeintlich unwichtige Aspekte aufzudecken, die dann doch Themen aufmachen.

> **Fallbeispiel**
> *Situation:* Herr Melnyk macht sich Sorgen über die steigenden Verantwortlichkeiten seiner Rolle.
> **HR:** „Herr Melnyk, vielen Dank für Ihre Offenheit. Ich möchte sicherstellen, dass wir alle Aspekte berücksichtigen. Was beschäftigt Sie aktuell besonders in Bezug auf Ihre Arbeit oder Ihre Rolle im Unternehmen?"
> **Herr Melnyk:** „Ich mache mir Sorgen über die steigenden Anforderungen in meinem Projektbereich."
> **HR:** „Verstehe, das klingt herausfordernd. Gibt es spezifische Bereiche oder Situationen, die diese Anforderungen besonders herausfordernd machen?"
> **Herr Melnyk:** „Ja, besonders die knappen Fristen und begrenzten Ressourcen bereiten mir Sorgen."
> **HR:** „Das kann sicherlich belastend sein. Gibt es weitere Faktoren oder Änderungen, die diese Situation beeinflussen könnten?"
> **Herr Melnyk:** „Ich denke, die sich ständig ändernden Projektanforderungen machen die Planung schwierig und führen zu zusätzlichem Stress."

4.28 Worüber machen Sie sich gerade besonders Gedanken?

> **HR:** „Das ist wichtig zu wissen. Gibt es Unterstützung oder Ressourcen, die Ihnen helfen könnten, mit diesen Veränderungen besser umzugehen?"
> **Herr Melnyk:** „Vielleicht könnte eine Mentorin oder zusätzliche Schulungen helfen, um flexibler auf solche Anforderungen reagieren zu können."
> **HR:** „Danke für diese Einblicke. Gibt es noch weitere Gedanken oder Anliegen, die Sie gerne teilen möchten, um Sie bestmöglich zu unterstützen?"
> ....

So nutzen Sie den door opener der Fragen

- **Öffnen Sie den Dialog:** Verwenden Sie die Frage, um Mitarbeiterinnen Raum zu geben, ihre aktuellen Gedanken, Sorgen oder Bedenken zu teilen.
- **Aktives Zuhören:** Hören Sie aufmerksam zu, um die spezifischen Anliegen oder Herausforderungen zu verstehen.
- **Weiterführende Fragen:** Stellen Sie ergänzende Fragen, um tiefer in die Thematik einzutauchen und ein umfassenderes Bild zu erhalten.
- **Angebot von Unterstützung:** Bieten Sie Hilfe oder Ressourcen an, um die Teammitglieder bestmöglich zu unterstützen.
- **Offenheit bewahren:** Schaffen Sie eine vertrauensvolle Umgebung, in der Mitarbeiterinnen sich gehört und unterstützt fühlen.

In diesen Situationen ist die Anwendung sinnvoll

- *Mitarbeiterinnengespräche und Entwicklung:* Diese Frage ist hilfreich, um Mitarbeiterinnen dazu zu ermutigen, ihre beruflichen Ziele, Herausforderungen und Bedenken genauer zu beschreiben. Sie ermöglicht es, den Dialog zu vertiefen und individuelle Entwicklungspläne zu gestalten.
- *Konfliktlösung:* Bei Konflikten oder Problemen am Arbeitsplatz kann diese Frage dazu beitragen, die Kernursachen zu identifizieren und eine offene Diskussion zu fördern, um gemeinsam Lösungen zu finden.
- *Change-Management:* In Zeiten des Wandels oder bei Umstrukturierungen können HR-Professionals diese Frage verwenden, um sicherzustellen, dass die Mitarbeiterinnen sich gehört fühlen und Bedenken, Ängste oder Anliegen in Bezug auf den Wandel ausdrücken können.
- *Mitarbeiterinnenbefragungen:* Die Frage kann in Mitarbeiterinnenumfragen integriert werden, um ein besseres Verständnis für die Bedürfnisse und Anliegen der Mitarbeiterinnen zu gewinnen und daraus resultierende Maßnahmen zu entwickeln.

- *Teamentwicklung und Zusammenarbeit:* HR-Professionals können diese Frage nutzen, um das Engagement und die Zusammenarbeit innerhalb der Teams zu fördern, indem sie Raum für Offenheit und den Austausch persönlicher Gedanken schaffen.

Die Frage „Was beschäftigt Sie gerade besonders?" kann helfen, eine unterstützende und einfühlsame Arbeitsumgebung zu schaffen, in der die Mitarbeiterinnen sich gehört und verstanden fühlen. Sie fördert eine offene Kommunikation und hilft ein tieferes Verständnis aufzubauen. HR-Professionals ermöglicht sie, auf individuelle Bedürfnisse einzugehen und entsprechende Unterstützung anzubieten.

4.29 Ist es ein neues oder ein altes Problem?

Ich empfinde diese Frage als ein wertvolles Tool im Arbeitsalltag für HR-Professionals, da sie auf der einen Seite dazu beiträgt, historische Muster zu erkennen und gleichzeitig hilft, Innovationen zu fördern.

Setzen Sie diese Frage gezielt ein, können Sie dabei unterstützen die Entwicklung von Lösungen zu verbessern, weil die Mitarbeiterinnen den Ursprung eines Problems so besser verstehen. Zum einen ermöglicht die Fragestellung, bewährte Praktiken aus der Vergangenheit zu nutzen oder eben genau auf diese zu verzichten, um aktuelle Herausforderungen anzugehen, während gleichzeitig Raum für kreative und frische Lösungsansätze geschaffen wird.

Das Verständnis und auch die Erkenntnis, ob es sich um ein bekanntes oder neu auftretendes Problem handelt, unterstützt dabei, die Wirksamkeit von bereits angewandten Lösungen zu bewerten und gleichzeitig neue Strategien zu entwickeln.

> **Fallbeispiel**
> *Situation:* HR und Frau Kaya diskutieren die aktuellen Koordinationsprobleme im Team und erörtern Strategien zur Verbesserung der Integration neuer Mitarbeiterinnen.
> **HR:** Guten Morgen, Frau Kaya! Haben Sie einen Moment Zeit, um über das Projekt zu sprechen, an dem Sie arbeiten?
> **Frau Kaya:** Guten Morgen! Natürlich, ich stehe zur Verfügung. Wie kann ich helfen?
> **HR:** Ich habe bemerkt, dass es in Ihrem Team einige Koordinationsprobleme gibt. Könnten Sie mir mehr darüber erzählen? Ist dies etwas, das bereits in der Vergangenheit aufgetreten ist oder handelt es sich um ein neues Problem?
> **Frau Kaya:** Ja, wir hatten in der Vergangenheit ähnliche Herausforderungen, aber dieses Mal ist es komplexer. Neue Teammitglieder erschweren die Zusammenarbeit.

> **HR:** Verstehe. Gibt es spezifische Unterschiede oder zusätzliche Herausforderungen, die diesmal auftreten?
> **Frau Kaya:** Vor allem die Einarbeitung der neuen Teammitglieder in unsere Arbeitsprozesse ist schwierig.
> **HR:** Danke für die Einblicke. Vielleicht könnten wir Strategien entwickeln, um die Integration neuer Teammitglieder zu verbessern und bewährte Lösungen aus der Vergangenheit zu nutzen. Klingen regelmäßige Meetings oder Teamtrainings zur Stärkung der Kommunikation für Sie hilfreich?
> **Frau Kaya:** Das klingt großartig! Ich denke, das würde definitiv helfen. Danke, dass Sie sich die Zeit genommen haben, das mit mir zu besprechen.
> **HR:** Sehr gerne! Lassen Sie uns gemeinsam an einer Lösung arbeiten. Wenn Sie weitere Ideen haben oder Hilfe benötigen, stehe ich zur Verfügung.
> **Frau Kaya:** Vielen Dank, das ist nett von Ihnen.

So nutzen Sie die Erkenntnis-Frage

- **Frage stellen:** Einfach und respektvoll die Frage stellen, um die Geschichte des Problems zu verstehen.
- **Zuhören:** Aufmerksam zuhören, Raum für offenen Austausch bieten.
- **Vertiefende Fragen:** Nachfragen, um Ursachen besser zu verstehen.
- **Analyse:** Feststellen, ob es sich um ein bekanntes Problem handelt oder neu auftritt.

Wenn gewünscht/passend:

- **Lösungsansätze:** Gemeinsam Lösungen entwickeln, die auf Erfahrungen aufbauen und kreativen Raum lassen.
- **Umsetzung:** Unterstützen Sie die Implementierung der Lösungen.
- **Feedback:** Regelmäßiges Feedback einholen, um Anpassungen vorzunehmen.

Wichtig:

- **Abschluss:** Positiv abschließen, Wertschätzung für Offenheit zeigen und weitere Gespräche anbieten.

In diesen Situationen ist die Anwendung sinnvoll

- *Mitarbeiterinnengespräche:* Während Leistungsbeurteilungen oder regelmäßigen Gesprächen können Sie diese Frage nutzen, um wiederkehrende Probleme zu identifizieren und Lösungen zu finden.

- *Team-Meetings:* Um Herausforderungen in Teams zu besprechen und zu klären, ob es sich um bekannte Probleme handelt oder etwas Neues aufgetaucht ist, was angegangen werden muss.
- *Change-Management:* Wenn Veränderungen in der Organisation anstehen, kann die Frage helfen, zu bestimmen, ob auftretende Probleme aufgrund der Veränderungen neu sind oder auf vorherige Veränderungen zurückzuführen sind.
- *Konfliktlösung:* In Konfliktsituationen zwischen Teammitgliedern oder Abteilungen kann die Frage helfen, die Geschichte des Konflikts zu verstehen und mögliche Lösungen zu finden.
- *Einführung neuer Richtlinien oder Prozesse:* Um zu ermitteln, ob Schwierigkeiten aufgrund von neuen Richtlinien entstehen oder ob sie auf bestehende Probleme zurückzuführen sind.
- *Strategieentwicklung:* Bei der Planung zukünftiger Unternehmensstrategien können HR-Professionals die Vergangenheit nutzen, um zu beurteilen, ob ähnliche Probleme bereits aufgetreten sind und wie sie vermieden werden können.
- *Onboarding:* Um herauszufinden, ob bestimmte Herausforderungen bei der Einarbeitung von neuen Mitarbeiterinnen wiederkehrend sind oder ob sie auf neue Umstände zurückzuführen sind.

Indem Sie diese Frage auf einfühlsame Weise einsetzen, ermöglichen Sie auch ein tieferes Verständnis für die Mitarbeiterinnenbedürfnisse und fördern ein Umfeld, in dem Herausforderungen als Chancen für Wachstum betrachtet werden. Es trägt dazu bei, ein unterstützendes und ermutigendes Arbeitsumfeld zu schaffen, in dem sowohl Bewährtes als auch Innovation geschätzt werden.

Es ist strenggenommen nicht nur eine Frage, sondern eine Haltung, die Vielfalt und Entwicklung fördert, um gemeinsam bessere Wege zu finden, mit Herausforderungen umzugehen.

4.30 Was ist das Beste, das passieren könnte?

Die Wahl der Perspektive beeinflusst maßgeblich unsere Herangehensweise und somit auch unsere Ergebnisse. Konzentrieren wir uns darauf, was das Beste sein könnte, lenken wir unsere Energie und unsere Gedanken in eine positive Richtung.

Es gibt verschiedene Gründe, warum es sich lohnt, immer nach dem Besten zu fragen. Erstens eröffnet diese Einstellung einen Raum für kreative Ideen und motiviert dazu, optimale Lösungen zu suchen.

Zweitens fördert das Suchen nach dem Besten eine positive Denkweise. Hindernisse können dadurch als Herausforderungen betrachtet werden, die überwindbar sind. Durch die Anwendung der Frage, entwickelt sich ein proaktiver Ansatz zur Bewältigung von Herausforderungen.

Drittens hilft die Fragestellung dabei Ängste und Unsicherheiten zu mindern. Sie stärkt die emotionale Widerstandsfähigkeit und eröffnet die Möglichkeit, gestärkt aus schwierigen Situationen hervorzugehen.

Viertens trägt eine positive Erwartungshaltung dazu bei, positive Ergebnisse anzuziehen. Menschen, die das Beste erwarten, neigen dazu, Chancen zu erkennen und zu nutzen.

Fünftens und abschließend fördert das Fragen nach dem Besten ein optimistisches Umfeld, dass die Teamarbeit und Kreativität steigern kann. So kann die Produktivität und der Zusammenhalt im Team verbessert werden.

> **Fallbeispiel**
> *Situation:* HR hat mitbekommen, dass sich Herr Klatt schwer tut mit einem neuen Projekt und den Auftrag lieber nicht angenommen hätte.
> **HR:** Guten Morgen, Herr Klatt! Wie geht es Ihnen heute?
> **Herr Klatt:** Guten Morgen! Mir geht es gut, danke. Allerdings habe ich Bedenken, was das neue Projekt angeht.
> **HR:** Das trifft sich gut. Ich wollte kurz mit Ihnen über das kommende Projekt sprechen. Was denken Sie, was das Beste sein könnte, das dabei passiert?
> **Herr Klatt:** Das Beste wäre, wenn wir ein starkes Team formen und das Projekt erfolgreich abschließen.
> **HR:** Stimmt, das wären großartige Ergebnisse! Was meinen Sie, wie das umgesetzt werden kann?
> ….

So fragen Sie nach dem Besten

1. **Einführung in die Fragestellung:** Erklären Sie den Zweck und die Bedeutung der Frage für das Team oder die betroffene Person, wenn es nötig ist. Betonen Sie, dass es darum geht, Chancen und positive Möglichkeiten zu erkennen.
2. **Kontext schaffen:** Stellen Sie sicher, dass die Frage in einen relevanten Kontext gesetzt wird, sei es in einem Meeting, einem Brainstorming oder einer persönlichen Unterhaltung. Erklären Sie auch gerne, warum es wichtig ist, sich auf das Beste zu konzentrieren.
3. **Anwendung in verschiedenen Szenarien:** Verwenden Sie die Frage in verschiedenen Arbeitsbereichen, sei es bei der Problemidentifikation, bei der Planung von Projekten oder bei der Bewältigung von Herausforderungen.

4. **Offenheit für verschiedene Perspektiven:** Betonen Sie, dass es keine falschen Antworten gibt. Jede Person kann unterschiedliche positive Ergebnisse identifizieren. Ermutigen Sie zur Offenheit gegenüber verschiedenen Blickwinkeln.
5. **Reflexion und Umsetzung:** Fordern Sie dazu auf, über die identifizierten positiven Ergebnisse nachzudenken und zu überlegen, wie diese erreicht werden können. Ermutigen Sie zur Umsetzung dieser Ideen im Arbeitsalltag.
6. **Kontinuierliche Anwendung:** Integrieren Sie die Frage regelmäßig in Besprechungen oder Diskussionen, um eine Kultur zu fördern, die sich auf Chancen und positive Entwicklungen konzentriert.

In diesen Situationen ist die Anwendung sinnvoll

- *Förderung einer positiven Unternehmenskultur:* Indem HR-Professionals die Teammitglieder dazu ermutigen, sich auf das Beste zu konzentrieren, tragen sie zur Schaffung einer positiven Unternehmenskultur bei. Das kann das Engagement, die Motivation und die Zufriedenheit der Mitarbeiterinnen steigern.
- *Stärkung der Mitarbeiterinnenbindung:* Die Frage nach dem Besten fördert ein Umfeld, in dem die Mitarbeiterinnen sich unterstützt und ermutigt fühlen. Dies stärkt die Bindung der Teammitglieder an das Unternehmen und steigert die Loyalität.
- *Optimierung von Arbeitsprozessen:* Durch die Fokussierung auf positive Ergebnisse können HR-Profis innovative Ideen zur Verbesserung von Arbeitsprozessen und -umgebungen fördern. Das kann zu effizienteren Abläufen und einem besseren Arbeitsumfeld führen.
- *Konfliktbewältigung und Problemlösung:* Die Frage nach dem Besten kann auch bei der Bewältigung von Konflikten und der Lösung von Problemen helfen. Sie lenkt den Fokus weg von Ängsten und negativen Annahmen hin zu konstruktiven Lösungsansätzen.
- *Mitarbeiterinnenentwicklung:* Ermutigen HR-Verantwortliche die Mitarbeiterinnen dazu, sich auf positive Möglichkeiten zu konzentrieren, unterstützen sie auch deren persönliche und berufliche Entwicklung. Das kann zu einem Wachstums-Mindset und zur Förderung von Weiterbildung führen.

Letztendlich zeigt sich, dass die Frage nach dem Besten uns dazu ermutigt, Chancen zu erkennen, Lösungen zu finden und eine optimistische Einstellung zu bewahren. Für mich ist diese Frage ein absoluter Game Changer, den ich auch selbst gerne im Privaten nutze.

4.31 Fragen, Fragen, Fragen

Die vorangegangenen Tools haben sich darauf konzentriert, die Fragen, die ich besonders gerne nutze, in den Mittelpunkt zu rücken.

4.31 Fragen, Fragen, Fragen

Die Kunst des Fragens ist essenziell, um Gespräche zu leiten, Problemlösungen anzuregen und Mitarbeiterinnen dazu zu bringen, ihre eigenen Wege zu entdecken. Statt geschlossener Fragen, die nur kurze Antworten erlauben, sind offene Fragen das passendere Werkzeug. Fragen helfen dabei das Gegenüber zu ermächtigen, für sich selbst einzustehen und sich selbst, das Team, die Konfliktpartnerin oder die Situation besser zu verstehen.

Ich möchte Ihnen die verschiedenen Fragetypen vorstellen, denn jeder Fragentyp hat eine spezifische Funktion.

1. **Problemorientierte Fragen:** Diese Fragetechnik dient dazu, die Situation genauer zu eruieren, denn es werden Fragen gestellt, die auf das Problem selbst abzielen. Sie lenken den Fokus auf das, was nicht funktioniert oder Schwierigkeiten bereitet.
2. **Ressourcenorientierte Fragen:** Dabei liegt der Fokus auf den Stärken der Klientin. Dieser Fragentyp zielt darauf ab, herauszufinden, welche Stärken bereits vorhanden sind und wie diese genutzt werden können, um das Problem zu bewältigen.
3. **Zielorientierte Fragen:** Wie der Name schon sagt, richten sich diese Art der Fragen auf das gewünschte Ziel der Mitarbeiterinnen. Sie helfen dabei, eine klare Vision der angestrebten Zukunft zu entwerfen.
4. **Skalierungsfragen:** Mit solchen Fragen unterstützen Sie dabei, die Intensität von Gefühlen oder Situationen zu erfassen. Die Mitarbeiterinnen bewertet auf einer Skala oder ähnlichen Metriken, wie stark eine Situation empfunden wird.
5. **Zirkuläre Fragen:** Sie geben dem Teammitglied dabei Hilfestellung, das Problem aus einer externen Perspektive zu betrachten, indem Sie es auffordern, sich vorzustellen, was andere Personen wie Kolleg:innen, Partner:innen oder Mentor:innen zu dem Problem sagen würden.
6. **Hypothetische Lösungsfragen:** Ähnlich wie zielorientierte Fragen, ermöglichen diese Fragen den Mitarbeiterinnen, sich vorzustellen, wie eine optimale Zukunft aussähe, wenn das Problem gelöst wäre.
7. **Paradoxe Fragen:** Diese Fragen zielen darauf ab, eingefahrene Denkmuster zu durchbrechen. Sie können herausfordernd sein und das Teammitglied dazu bringen, über unkonventionelle Lösungsansätze nachzudenken.

Mir ist klar, dass das erstmal alles sehr theoretisch klingt und es schwierig ist für die verschiedenen Fragetypen die richtigen Formulierungen zu finden. Deshalb möchte ich Ihnen einige Beispiele mit an die Hand geben.

Problemorientierte Fragen:

- Was hindert Sie daran, Ihre Aufgaben effektiv zu erledigen?
- Seit wann bemerken Sie, dass diese Herausforderung besteht?
- Wie wirkt sich dieses Problem auf Ihr Team oder Ihre Arbeitsumgebung aus?

- Welche Aspekte des Problems sind am frustriertesten für Sie?
- Was haben Sie bisher unternommen, um dieses Problem anzugehen?

Ressourcenorientierte Fragen:

- Welche Fähigkeiten oder Stärken könnten Ihnen helfen, diese Situation zu bewältigen?
- Können Sie eine vergangene Situation beschreiben, in der Sie ähnlichen Herausforderungen erfolgreich begegnet sind?
- Welche Ressourcen in Ihrem Netzwerk könnten Sie nutzen, um Unterstützung zu erhalten?
- Gibt es bestimmte Erfahrungen oder Kenntnisse, die Ihnen in dieser Situation helfen könnten?
- Welche persönlichen Eigenschaften könnten Ihnen helfen, diese Herausforderung zu meistern?

Zielorientierte Fragen:

- Wie würden Sie den Erfolg in Bezug auf dieses Problem definieren?
- Welche konkreten Schritte könnten Sie unternehmen, um näher an eine Lösung zu kommen?
- Wie stellen Sie sich eine ideale Lösung für dieses Problem vor?
- Was möchten Sie persönlich aus dieser Situation heraus gewinnen?
- Wie würde sich Ihre Arbeitsweise verändern, wenn dieses Problem gelöst wäre?

Skalierungsfragen:

- Auf einer Skala von eins bis zehn, wie zufrieden sind Sie derzeit mit der Situation?
- Wie stark beeinträchtigt dieses Problem Ihre Arbeitsleistung, wenn Sie es auf einer Skala bewerten müssten?
- Wie stark glauben Sie, dass Sie diese Herausforderung bewältigen können, auf einer Skala von eins bis zehn?
- In welchem Maße spüren Sie den Druck, den dieses Problem auf Sie ausübt?
- Wie wahrscheinlich ist es, dass Sie mit Unterstützung eine Lösung für dieses Problem finden können?

Zirkuläre Fragen:

- Was würden Ihre Kolleginnen über diese Situation sagen?
- Wie denken Sie, würden andere Teammitglieder diese Herausforderung einschätzen?
- Welchen Rat würden Sie jemandem geben, der in einer ähnlichen Lage steckt?

- Wie könnte jemand von außen, der dieses Problem betrachtet, dazu beitragen, eine Lösung zu finden?
- Was könnten externe Beraterinnen oder Mentorinnen an Ratschlägen für diese Situation bieten?

Hypothetische Lösungsfragen:

- Stellen Sie sich vor, das Problem wäre gelöst. Wie sähe Ihr Arbeitsalltag dann aus, was würde sich ändern?
- Wenn Sie alle Ressourcen und Unterstützung hätten, die Sie brauchen, wie würden Sie dieses Problem lösen?
- Wie würde sich Ihr Verhältnis zu Ihren Kolleginnen verändern, wenn diese Herausforderung nicht mehr bestünde?
- Wenn Sie auf magische Weise das Problem beheben könnten, was wären die ersten Anzeichen dafür?
- Wie könnte Ihr persönliches Wachstum aussehen, wenn Sie dieses Problem erfolgreich lösen würden?

Paradoxe Fragen:

- Was müssten Sie tun, um sicherzustellen, dass dieses Problem immer bestehen bleibt?
- Wie könnten Sie aktiv dazu beitragen, dass sich die Situation noch verschlimmert?
- Was wäre der schlimmstmögliche Schritt, den Sie in dieser Situation unternehmen könnten?
- Wenn dieses Problem unlösbar wäre, was wären Ihre nächsten Schritte?
- Welche Handlungen könnten sicherstellen, dass dieses Problem nie gelöst wird

4.32 Fragen zur mentalen Gesundheit

Mentale Gesundheit ist ein wichtiges Thema, und Coaching kann sich positiv auf die mentale Gesundheit auswirken. Ich möchte Ihnen einige Fragen, die darauf abzielen, die mentale Gesundheit zu fördern und positive Veränderungen herbeizuführen, auflisten. Wichtig ist aber, dass Sie sich bewusst darüber sind, dass solche Fragen auch übergriffig wirken können, deshalb: Setzen Sie diese bitte mit Bedacht ein.

Selbstreflexion:

- Inwiefern sind Sie sich Ihrer gegenwärtigen Gedanken und Gefühle bewusst?
- Wie würden Sie Ihre mentale Gesundheit im Moment auf einer Skala von eins bis zehn bewerten?
- Welche Muster oder Gewohnheiten könnten Ihre mentale Gesundheit beeinflussen?

Selbstwahrnehmung:

- Sind Sie sich Ihrer Stärken und Entwicklungspotenziale bewusst?
- Welche Überzeugungen über sich selbst könnten Ihre mentale Gesundheit beeinflussen?
- Wie würden Sie Ihre aktuellen Stressoren identifizieren?

Ziele und Werte:

- Welche langfristigen Ziele verfolgen Sie in Bezug auf Ihre mentale Gesundheit?
- Inwiefern entsprechen Ihre aktuellen Aktivitäten und Entscheidungen Ihren Werten?
- Was bedeutet für Sie ein erfülltes Leben?

Bewältigungsstrategien:

- Welche Bewältigungsstrategien haben Sie in der Vergangenheit angewendet, und welche haben sich als effektiv erwiesen?
- Gibt es neue Strategien, die Sie ausprobieren möchten?
- Wie gehen Sie mit Stress um?

Selbstfürsorge:

- Welche Aktivitäten oder Gewohnheiten fördern Ihr Wohlbefinden?
- Wie planen Sie regelmäßige Pausen und Erholungszeiten ein?
- In welcher Weise pflegen Sie Ihre physische Gesundheit?

Beziehungen und soziale Unterstützung:

- Wie sieht Ihr soziales Netzwerk aus, und wie unterstützen Sie diese Beziehungen?
- Gibt es Beziehungen, die Ihre mentale Gesundheit belasten könnten?
- Wie kommunizieren Sie mit anderen über Ihre Gefühle?

Achtsamkeit und Akzeptanz:

- Wie praktizieren Sie Achtsamkeit im Alltag?
- Wie gehen Sie damit um, wenn unangenehme Gefühle auftreten?
- In welchen Momenten fällt es Ihnen schwer, im gegenwärtigen Augenblick zu sein?

Life-Balance:

- Wie gut gelingt es Ihnen, Arbeit und Freizeit auszubalancieren?

- Welche Veränderungen könnten Sie vornehmen, um mehr Gleichgewicht zu erreichen?
- Welche Aspekte Ihrer beruflichen oder persönlichen Umgebung beeinflussen Ihre mentale Gesundheit?

4.33 Und weiter fragen

Wenn man aktiv fragt und wirklich aufmerksam zuhört, erhält man genau die Antworten, nach denen man sucht.

Hier sind einige (allgemeinere) Fragen, die sich im HR-Alltag ebenfalls sehr gut einsetzen lassen.

Persönliche Entwicklung:

- Was sind Ihre mittelfristigen/langfristigen beruflichen Ziele?
- Welche Fähigkeiten möchten Sie sich in den nächsten Jahren aneignen?
- Wie sehen Sie Ihre aktuelle berufliche Entwicklung?
- Welche Weiterbildungsmöglichkeiten wären für Sie interessant?
- Was motiviert Sie in Ihrer täglichen Arbeit?
- Wo sehen Sie Ihre Stärken im Team?
- Welche neuen Aufgaben würden Sie gerne übernehmen, um sich weiterzuentwickeln?
- Welche Erfahrungen möchten Sie in dieser Position sammeln?
- Wie möchten Sie sich in den nächsten Jahren beruflich weiterentwickeln?
- Welche Hindernisse sehen Sie in Ihrer persönlichen Entwicklung und wie könnten sie überwunden werden?

Arbeitsumfeld und Zufriedenheit:

- Was gefällt Ihnen besonders gut an Ihrer aktuellen Position?
- Wie würden Sie Ihr Verhältnis zu Ihren Kolleginnen beschreiben?
- Was könnte verbessert werden, um die Teamarbeit zu fördern?
- Wie sehen Sie das Arbeitsklima in unserem Unternehmen?
- Welche Maßnahmen könnten die Arbeitszufriedenheit im Team steigern?
- Gibt es Arbeitsbedingungen, die Sie als problematisch empfinden?
- Wie könnten wir das Arbeitsumfeld verbessern, damit Sie effektiver arbeiten können?
- Fühlen Sie sich ausreichend in Entscheidungsprozesse eingebunden?
- Welche Ressourcen fehlen Ihnen, um Ihre Arbeit besser zu erledigen?
- Wie könnten wir die Kommunikation im Unternehmen verbessern?

Leistung und Entwicklung:

- Wie bewerten Sie Ihre Leistung in den letzten Monaten?

- Gibt es spezifische Bereiche, in denen Sie Ihre Leistung verbessern möchten?
- Welche Unterstützung benötigen Sie, um Ihre Ziele zu erreichen?
- Welche Erfolge haben Sie in letzter Zeit erzielt, die Sie gerne teilen möchten?
- In welchen Projekten möchten Sie in Zukunft eine aktivere Rolle übernehmen?
- Welche zusätzlichen Verantwortlichkeiten würden Sie herausfordern?
- Gibt es Hindernisse, die Ihre Leistung beeinträchtigen könnten?
- Wie könnten wir Sie besser unterstützen, um Ihre Ziele zu erreichen?
- Welche Art von Feedback hilft Ihnen am meisten bei der Verbesserung Ihrer Leistung?
- Was denken Sie, schätzen Ihre Kolleginnen an Ihnen besonders?
- Wie könnten wir Ihre Entwicklung im Unternehmen besser unterstützen?

Zukunftspläne und Karriere:

- Wie sehen Sie Ihre mittelfristige/langfristige Zukunft in unserem Unternehmen?
- Welche Möglichkeiten sehen Sie für Ihre berufliche Entwicklung hier?
- Wo können Sie Ihre Stärken im Moment am besten einsetzen/verwirklichen?
- Welche neuen Herausforderungen würden Sie gerne in Zukunft annehmen?
- Wie könnten wir Ihre Karriereziele besser unterstützen?
- Gibt es Bereiche, in denen Sie sich beruflich noch weiterentwickeln möchten?
- Welche Karriereziele möchten Sie in den nächsten Jahren erreichen?
- Wie könnten wir Ihnen helfen, Ihre beruflichen Ziele zu erreichen?
- Welche Art von Unterstützung würden Sie sich für Ihre Karriereentwicklung wünschen?
- In welche Richtung möchten Sie sich beruflich entwickeln und wie könnten wir Ihnen dabei helfen?
- Was sind Ihre nächsten Schritte in Bezug auf Ihre Karriereplanung?

Feedback und Kommunikation:

- Wie zufrieden sind Sie mit dem Feedback, das Sie von Ihren Vorgesetzten erhalten?
- Gibt es Verbesserungen im Feedbackprozess, die Sie vorschlagen möchten?
- Welche Art von Feedback hilft Ihnen am meisten, Ihre Leistung zu verbessern?
- Wie könnten wir die Kommunikation zwischen Teams verbessern?
- Fühlen Sie sich wohl dabei, Feedback an Ihre Kolleginnen zu geben?
- Wie können wir die Kommunikation zwischen Mitarbeiterinnen und der Führungsebene verbessern?
- Gibt es Kommunikationshindernisse, die Sie identifiziert haben und wie können wir diese überwinden?
- Welche Art von Informationen würden Sie gerne öfter von der HR-Abteilung erhalten?
- Fühlen Sie sich wohl dabei, Ihre Meinung offen zu äußern?
- Wie könnten wir die interne Kommunikation effektiver gestalten?

4.33 Und weiter fragen

Diversity & Inclusion:

- Fühlen Sie sich in unserem Unternehmen geschätzt?
- Wie könnten wir die Vielfalt im Unternehmen besser fördern?
- Welche Möglichkeiten sehen Sie, um eine diverse und inklusive Arbeitsumgebung zu schaffen?
- Gibt es Aspekte der Unternehmenskultur, die zur Förderung von Vielfalt verbessert werden könnten?
- Welche Maßnahmen könnten ergriffen werden, um die Diversität in unseren Teams zu verbessern?

Life-Balance:

- Fühlen Sie sich in Ihrer Life-Balance unterstützt?
- Welche Möglichkeiten sehen Sie, um die Life-Balance im Team zu verbessern?
- Gibt es Arbeitsbelastungen, die Ihre Life-Balance beeinträchtigen?
- Welche Unterstützung benötigen Sie, um eine bessere Life-Balance zu erreichen?
- Welche Maßnahmen könnten ergriffen werden, um flexible Arbeitsmöglichkeiten zu fördern?

Teamarbeit und Zusammenarbeit:

- Wie würden Sie die Zusammenarbeit im Team beschreiben?
- Gibt es Möglichkeiten, die Teamarbeit zu verbessern?
- Wie könnten wir die Teamdynamik fördern?
- Welche Faktoren könnten die Zusammenarbeit zwischen verschiedenen Abteilungen verbessern?
- Fühlen Sie sich wohl dabei, Ideen und Ressourcen mit anderen Teams zu teilen?
- Welche Werte sind Ihnen in der Zusammenarbeit wichtig?

Stressmanagement und Wohlbefinden:

- Wie gehen Sie mit stressigen Situationen am Arbeitsplatz um?
- Gibt es Stressfaktoren, die Sie als belastend empfinden?
- Wie könnten wir den Umgang mit Stress im Unternehmen verbessern?
- Welche Ressourcen könnten zur Förderung des Wohlbefindens am Arbeitsplatz bereitgestellt werden?
- Fühlen Sie sich unterstützt, wenn es um Ihr Wohlbefinden am Arbeitsplatz geht?

Unternehmensziele und Vision:

- Wie sehen Sie Ihre Rolle bei der Erreichung unserer Unternehmensziele?
- Welchen Beitrag können Sie zur Umsetzung unserer Unternehmensvision leisten?
- Welche Werte des Unternehmens sind Ihnen besonders wichtig und warum?
- Wie könnten wir die Mitarbeiterinnen besser in unsere Unternehmensziele einbinden?
- Welche Möglichkeiten sehen Sie, um unsere Unternehmensziele besser zu kommunizieren?

Change-Management:

- Wie gehen Sie mit Veränderungen im Unternehmen um?
- Gibt es Aspekte, in denen Sie sich bei Veränderungen besser unterstützt fühlen würden?
- Wie könnten wir den Umgang mit Veränderungen im Unternehmen verbessern?
- Welche Art von Unterstützung benötigen Sie bei Veränderungen?
- Wie könnten wir den Prozess der Veränderungskommunikation verbessern?

Arbeitsbeziehungen und Konfliktlösung:

- Fühlen Sie sich wohl dabei, Konflikte anzusprechen?
- Gibt es Konflikte im Team, die gelöst werden müssen?
- Wie könnten wir den Umgang mit Konflikten im Team verbessern?
- Welche Maßnahmen könnten ergriffen werden, um Arbeitsbeziehungen zu stärken?
- Fühlen Sie sich ausreichend unterstützt, wenn es um Konfliktlösungen geht?

Technologie und Ressourcen:

- Welche Tools oder Ressourcen könnten Ihnen bei Ihrer täglichen Arbeit helfen?
- Gibt es technologische Hindernisse, die Ihre Produktivität beeinträchtigen?
- Wie könnten wir die Einführung neuer Technologien im Unternehmen verbessern?
- Welche Schulungen würden Ihnen dabei helfen, Technologie effektiver zu nutzen?
- Fühlen Sie sich ausreichend informiert über die verfügbaren Ressourcen im Unternehmen?

Zukünftige Erwartungen und Bedürfnisse:

- Welche Erwartungen haben Sie an Ihre zukünftige Arbeit hier?
- Was könnten wir tun, um Ihre Arbeitsbedingungen zu verbessern?
- Gibt es zusätzliche Unterstützung, die Sie in Zukunft benötigen (könnten)?
- Wie können wir Ihre Bedürfnisse besser verstehen und erfüllen?

- Welche Erwartungen haben Sie an Ihr Team und Ihre Vorgesetzten für die Zukunft?

Erfolge und Belohnungen:

- Welche Arten von Anerkennung motivieren Sie am meisten?
- Fühlen Sie sich ausreichend anerkannt für Ihre Leistungen?
- Gibt es spezielle Leistungen, für die Sie gerne belohnt werden würden?
- Wie könnten wir die Anerkennung für herausragende Leistungen im Unternehmen verbessern?

Diese Fragen können HR-Professionals dabei unterstützen, Gespräche zu führen, die auf die individuellen Bedürfnisse und Entwicklungsziele der Teammitglieder eingehen.

4.34 Teamspezifische Coaching-Werkzeuge

Die nachfolgenden Tools sind besonders effektiv, wenn es um die Zusammenarbeit mit Teams geht, und eignen sich ebenfalls hervorragend als Maßnahmen zur Förderung des Teamgeists. Teamcoachings bieten vielfältige Vorteile für Teams, sei es zur Bewältigung punktueller Probleme oder als strategische Maßnahme zur Weiterentwicklung. Durch Teamcoachings erhalten die Mitglieder die Gelegenheit, ihre Verhaltensweisen zu reflektieren und gemeinsam Lösungen zu finden. Diese Reflexion ermöglicht es, die Dynamik des Teams besser zu verstehen und Konflikte sowie Kommunikationsprobleme anzugehen. Kurzfristig bieten Teamcoachings eine effektive Lösung für akute Probleme im Team, indem sie gezielte Interventionen und Moderationen einsetzen. Auf lange Sicht tragen sie zur kontinuierlichen Weiterentwicklung des Teams bei, weil sie die Fähigkeiten, Kommunikation und Zusammenarbeit der Teammitglieder verbessern. Insgesamt bieten Teamcoachings eine umfassende Herangehensweise zur Steigerung der Leistungsfähigkeit und Effektivität von Teams.

Oft werden HR-Professionals um Rat gebeten oder auch um die Durchführung von Workshops, wenn es um Teambuilding oder auch die Klärung von Differenzen innerhalb einer Personengruppe geht, hierbei können die folgenden Werkzeuge als Unterstützung dienen.

Kleiner Hinweis: In diesem Abschnitt ist die Struktur der Tools etwas anders gestaltet.

4.34.1 Erfolgsrad der Zusammenarbeit

Das Erfolgsrad der Zusammenarbeit ist ein Tool, das auf den vier Komponenten Vertrauen, Kommunikation, Flexibilität und Zielausrichtung basiert. Es bietet eine strukturierte Möglichkeit, die Effektivität und das Wohlbefinden in Teams oder Gruppen zu fördern (Abb. 4.4).

Anwendungsbereiche
Das Modell ist zwar auch in Einzelcoachings anwendbar, aber ich verwende es vorrangig in Teamcoachings. Es eignet sich besonders für Situationen, in denen die Zusammenarbeit verbessert oder gestärkt werden soll.

Komponenten

1. **Vertrauen:**
   – Vertrauen ist die Grundlage jeder erfolgreichen Zusammenarbeit.
   – Das Rad unterscheidet zwischen individuellem Vertrauen und teamweitem Vertrauen.
2. **Kommunikation:**
   – Effektive Kommunikation ist entscheidend für das Verständnis und den Informationsaustausch.
   – Das Rad berücksichtigt sowohl verbale als auch nonverbale Kommunikation.
3. **Flexibilität:**

Erfolgsrad der Zusammenarbeit, erstellt Nina C. Kraft

Abb. 4.4 Erfolgsrad der Zusammenarbeit

4.34 Teamspezifische Coaching-Werkzeuge

- Die Fähigkeit, sich an Veränderungen anzupassen und unterschiedliche Perspektiven zu akzeptieren.
- Flexibilität wird sowohl auf individueller als auch auf teamweiter Ebene bewertet.

4. **Zielausrichtung:**
   - Ein gemeinsames Verständnis und Engagement für die Ziele der Zusammenarbeit.
   - Das Rad berücksichtigt die Klarheit der Ziele und die individuelle Identifikation mit ihnen.

Anwendungsbeispiele

- **Erfassung des Ist-Zustands:**
  - Teammitglieder bewerten individuell und anonym die vier Elemente auf einer Skala von 1 bis 10.
  - Diskussion darüber, wie die Ergebnisse von verschiedenen Teammitgliedern wahrgenommen werden.
- **Entwicklung von Maßnahmen:**
  - Identifizierung von Bereichen mit niedrigeren Bewertungen und gemeinsame Festlegung von konkreten Handlungsmaßnahmen.
  - Entwicklung von individuellen und kollektiven Verbesserungsplänen.
- **Periodische Überprüfung:**
  - Regelmäßige Überprüfung des Erfolgsrads, um Fortschritte zu messen und Anpassungen vorzunehmen.
  - Integration von Feedbackmechanismen, um Veränderungen in der Zusammenarbeit zu erfassen.

Effekte

- Die strukturierte Bewertung und Diskussion unterstützt die Sensibilisierung für Schlüsselelemente der Zusammenarbeit.
- Ableitung von konkreten Maßnahmen zur Verbesserung der Zusammenarbeit.
- Schaffung eines kontinuierlichen Verbesserungsprozesses für das Team oder die Gruppe.

Voraussetzungen

- Offenheit und Bereitschaft der Teammitglieder, sich aktiv an der Bewertung und Entwicklung von Maßnahmen zu beteiligen.
- Klare Kommunikation über den Zweck und die Vorteile des Erfolgsrads.

Persönliche Hinweise

- Die beteiligten Personen können ihre eigenen Erfahrungen und Perspektiven in die Bewertung einbringen.

- Es ist wichtig, den Fokus auf positive Veränderungen und gemeinsame Ziele zu legen.

Technische Hinweise

- Eine visuelle Darstellung des Erfolgsrads, z. B. auf einem Poster oder einer digitalen Plattform, erleichtert die Diskussion und Überprüfung.

Das Erfolgsrad der Zusammenarbeit bietet eine alternative Perspektive und konzentriert sich auf Komponenten, um die Zusammenarbeit zu analysieren und zu verbessern. Anhand eines Fallbeispiels möchte ich es greifbarer machen.

Fallbeispiel: Verbesserung der Teamzusammenarbeit durch das Erfolgsrad der Zusammenarbeit

Situation: In einem Unternehmen kämpft ein Team, bestehend aus Herrn Reinbach, Frau Wang, Herrn Kudirka und Frau Singh, mit Schwierigkeiten bei der Zusammenarbeit, was zu Missverständnissen, ineffektiven Meetings und einem allgemeinen Mangel an Teamgeist führt. Die Situation hat Auswirkungen auf die Stimmung und die Produktivität des Teams.

Schritte:

1. **Erfassung des Ist-Zustands**

Coachin: „Um eure Zusammenarbeit zu verbessern, werden wir zunächst den Ist-Zustand erfassen. Bitte bewertet anonym und individuell Vertrauen, Kommunikation, Flexibilität und Zielausrichtung auf einer Skala von 1 bis 10."
Herr Reinbach, Frau Wang, Herr Kudirka und Frau Singh geben ihre Bewertungen ab.
Coachin: „Vielen Dank. Ich werde die Ergebnisse sammeln und eine visuelle Darstellung des Erfolgsrads erstellen. Wir machen eine kurze Pause."

2. **Analyse der Ergebnisse**

Coachin: „Im nächsten Schritt werden wir die Ergebnisse präsentieren und diskutieren. Unser Ziel ist es, Unterschiede zu verstehen und Gemeinsamkeiten zu identifizieren. Wie fühlt sich jeder von euch aktuell in Bezug auf die Zusammenarbeit?"
Es folgt eine Diskussion

Herr Reinbach: „Zusammenfassend denke ich, wir haben Probleme bei der Kommunikation. Oftmals werden wichtige Informationen nicht richtig weitergegeben."
Frau Wang: „Stimmt, und das führt zu Missverständnissen und Fehlern."

3. Entwicklung von Maßnahmen

Coachin: „Lasst uns nun gemeinsam Maßnahmen zur Verbesserung entwickeln. Welche Bereiche sollten wir prioritär angehen?"
Herr Kudirka: „Ich denke, wir brauchen definitiv Schulungen zur verbesserten Kommunikation."
Frau Singh: „Und vielleicht könnten wir auch Team-Building-Aktivitäten machen, um das Vertrauen untereinander zu stärken."

4. Festlegung von Verantwortlichkeiten

Coachin: „Wer möchte sich für welche Maßnahme engagieren?"
Herr Reinbach: „Ich würde gerne die Organisation der Schulungen übernehmen."
Frau Wang: „Dann werde ich die Planung der Team-Building-Aktivitäten übernehmen."

5. Periodische Überprüfung

Coachin: „Wir werden regelmäßige Überprüfungen durchführen, um euren Fortschritt zu messen. Feedback ist wichtig, um Anpassungen vorzunehmen und um auf neue Herausforderungen zu reagieren."
Durch diese strukturierte Vorgehensweise und die gemeinsame Arbeit an Verbesserungen können Herr Reinbach, Frau Wang, Herr Kudirka und Frau Singh ihre Teamzusammenarbeit stärken und zu einer positiven Arbeitsumgebung beitragen.

Erwartete Effekte:

- **Erhöhte Sensibilisierung:** Die Teammitglieder werden sich bewusster über die Bedeutung von Vertrauen, Kommunikation, Flexibilität und Zielausrichtung in ihrer Zusammenarbeit.
- **Konkrete Verbesserungen:** Die entwickelten Maßnahmen führen zu konkreten Verbesserungen in den Schlüsselelementen, wodurch die Effektivität der Zusammenarbeit steigt.
- **Teamengagement:** Durch die Beteiligung am Prozess und die klare Zuweisung von Verantwortlichkeiten wird das Engagement der Teammitglieder gestärkt.

- **Nachhaltigkeit:** Die regelmäßigen Überprüfungen und Feedbackschleifen gewährleisten, dass Verbesserungen nachhaltig sind und auf Veränderungen in der Teamdynamik reagiert wird.

Das Fallbeispiel zeigt, wie das Erfolgsrad der Zusammenarbeit als praktisches Werkzeug im Coaching eingesetzt werden kann, um gezielt an der Verbesserung der Zusammenarbeit in einem Team zu arbeiten.

4.34.2 5 Dysfunktionen in einem Team

Patrick Lencioni hat in seinem Buch „Die 5 Dysfunktionen eines Teams" (2019) die fünf wesentlichen Problembereiche identifiziert, die die Effektivität von Teams beeinträchtigen können. Um Teams bei der Überwindung dieser Dysfunktionen zu unterstützen, eignet sich diese Methode.

Die Dysfunktionen

1. **Fehlendes Vertrauen**
   - **Diagnose:**
     Fehlendes Vertrauen unter Teammitgliedern
   - **Coaching-Fokus:**
     Aufbau von Vertrauen durch persönliche Offenheit und Authentizität
   - **Aktivitäten:**
     Teammitglieder teilen persönliche Geschichten, um sich besser kennenzulernen
     Vertrauensbildende Übungen, z. B. die Übung Blindes Vertrauen*
2. **Fehlende Konfliktbereitschaft**
   - **Diagnose:**
     Vermeidung von Konflikten innerhalb des Teams
   - **Coaching-Fokus:**
     Förderung einer konstruktiven Konfliktkultur
   - **Aktivitäten:**
     Einführung von Diskussionsrunden, in denen unterschiedliche Meinungen erwünscht sind
     Konfliktmanagement-Trainings für Teammitglieder
3. **Fehlendes Engagement**
   - **Diagnose:**
     Mangelnde Verpflichtung und Einbindung der Teammitglieder

- **Coaching-Fokus:**
  Schaffung von Klarheit über Ziele und Verantwortlichkeiten
- **Aktivitäten:**
  Definition von klaren Teamzielen und individuellen Verantwortlichkeiten.
  Implementierung regelmäßiger Feedbackmechanismen
4. **Fehlende Verantwortungsübernahme**
   - **Diagnose:**
     Unklarheit über Entscheidungen und mangelnde Umsetzung
   - **Coaching-Fokus:**
     Förderung von klaren und eindeutigen Entscheidungen
   - **Aktivitäten:**
     Implementierung von Entscheidungsfindungsprozessen
     Einführung von Maßnahmen zur Überprüfung der Umsetzung
5. **Fehlende Ergebnisorientierung**
   - **Diagnose:**
     Fokus auf individuellen Zielen anstelle von Teamzielen
   - **Coaching-Fokus:**
     Stärkung der gemeinsamen Ausrichtung auf Erfolg
   - **Aktivitäten:**
     Erstellung und Überprüfung von Teamzielen
     Etablierung von Belohnungs- und Anerkennungssystemen für Teamleistungen

Die 5 Dysfunktionen in einem Team können als Leitfaden dienen, um die spezifischen Bedürfnisse und Herausforderungen eines Teams zu identifizieren und gezielte Interventionen zu entwickeln, um die Dysfunktionen zu überwinden. Wichtig ist, dass der Prozess in einer gewissen Regelmäßigkeit wiederholt wird. So wird sichergestellt, dass das Team in Richtung einer gesunden und effektiven Zusammenarbeit voranschreitet oder dortbleibt.

EXKURS: ÜBUNG BLINDES VERTRAUEN
Übung: „Blindes Vertrauen"
Ziel: Förderung des Vertrauens unter den Teammitgliedern und Stärkung der Kommunikation.
Materialien: Augenbinden, Hindernisse (optional)
Durchführung:

1. *Vorbereitung:*
   - Bereiten Sie einen sicheren Raum vor, der groß genug ist, um verschiedene Aktivitäten durchzuführen.
   - Stellen Sie sicher, dass das Team bequeme Kleidung trägt, die für die geplante Aktivität geeignet ist.
2. *Teamauswahl:*
   - Teilen Sie das Team in Paare auf. Jedes Paar besteht aus einer „Führenden" und einer „Blinden".
3. *Augenbinden:*
   - Die „Blinden" legen Augenbinden an und dürfen nichts sehen.

4. *Aufgabe für die Führenden:*
   – *Jede „Führende" erhält ihre Aufgabe, die sie ihrer „Blinde" mitteilen muss. Diese Aufgabe könnte beispielsweise das Überwinden eines Hindernis-Parcours sein*
5. *Vertrauen aufbauen:*
   – *Die „Führende" kann der „Blinden" Anweisungen nur durch verbale Kommunikation geben. Es darf keine physische Hilfe erfolgen.*
6. *Reflexion:*
   – *Nach Abschluss der Übung lassen Sie das Team zusammenkommen und reflektieren Sie gemeinsam:*
     - *Wie haben die Teilnehmerinnen kommuniziert?*
     - *Wie war das Vertrauensniveau während der Aktivität?*
     - *Welche Herausforderungen sind aufgetreten, und wie wurden sie bewältigt?*
7. *Weitere Diskussion:*
   – *Führen Sie eine Diskussion darüber, wie die Erfahrungen aus der Übung auf die tägliche Teamarbeit übertragen werden können. Betonen Sie die Bedeutung von Kommunikation, Vertrauen und Zusammenarbeit.*

Diese Übung soll nicht nur Spaß machen, sondern auch dazu beitragen, dass die Teammitglieder sich aufeinander verlassen und sich bewusstwerden, wie wichtig klare Kommunikation und Vertrauen für den Teamerfolg sind. Beachten Sie dabei jedoch die individuellen Komfortniveaus und stellen Sie sicher, dass die Übung für alle Teilnehmerinnen sicher und angemessen ist.

4.34.3 Hunter oder Farmer?

Das Hunter-Farmer-Modell ist ein bekanntes Sales-Modell, das Mitarbeiterinnen und/ oder Aufgaben im Vertrieb der Gruppe der Hunter oder eben der Farmer zuordnet. Als Coaching-Tool hilft es Einzelpersonen zu verstehen, zu welcher Rolle sie naturgemäß neigen, wie sie ihre Stärken in dieser Rolle nutzen können und wie sie ihren Ansatz bei Bedarf anpassen können, um zufrieden im Team zu agieren.

1. **Hunter (Jägerin):** Ein Hunter ist typischerweise proaktiv, aggressiv und genießt es, neue Chancen zu verfolgen. Die Person ist geschickt darin, potenzielle Kundinnen und/oder Kandidatinnen zu suchen, den Kontakt zu initiieren und Abschlüsse zu erzielen. Im HR könnte eine Jägerin jemand sein, die aktiv nach Top-Talenten sucht, Networking-Veranstaltungen besucht und ständig nach neuen Möglichkeiten im Recruiting Ausschau hält.
2. **Farmer (Bäuerin):** Farmer hingegen sind eher beziehungsorientiert und fürsorglich. Sie sind darin gut, bestehende Beziehungen zu pflegen, langfristige Partnerschaften aufrechtzuerhalten und im Laufe der Zeit die Zufriedenheit von Kundinnen und/ oder Mitarbeiterinnen sicherzustellen. Im HR könnte die Bäuerin darauf abzielen, das aktuelle Talentpool des Unternehmens zu betreuen, kontinuierliche Unterstützung,

Schulungen und Entwicklungsmöglichkeiten bereitzustellen, um Arbeitnehmerinnen zu entwickeln und zu halten.

Das Modell kann auch für einen selbst hilfreich sein, um die eigenen Stärken und Vorlieben zu erkennen sowie die Teammitglieder zu verstehen.

Eine genaue Anleitung für das Modell kann ich Ihnen nicht an die Hand geben, aber ich möchte den Nutzen anhand eines Fallbeispiels verständlicher machen.

> **Fallbeispiel**
> Ein Vertriebsteam in einem Unternehmen hat unterschiedliche Persönlichkeiten und sehr unterschiedliche Arbeitsansätze. Einige Teammitglieder sind sehr proaktiv und fokussiert auf die Neukundengewinnung (Hunter), während andere eher beziehungsorientiert sind und darauf bedacht, bestehende Kundenbeziehungen zu pflegen und auszubauen (Farmer). Das Team hat Schwierigkeiten, effektiv zusammenzuarbeiten und seine Ziele zu erreichen.
>
> **Anwendung des Hunter-Farmer-Modells im Teamkontext:**
>
> 1. **Vorstellung & Anwendung des Modells:** Die Moderatorin stellt das Modell vor und bittet darum, dass jede Teilnehmerin ihren Persönlichkeitstyp auf einen Post-It schreibt. Nach und nach werdend die Post-Its an ein Flipchart gehängt und jede erklärt kurz, warum sie sich so einordnet.
> 2. **Bewusstsein schaffen:** Die Moderatorin hilft dabei dem Team, sich der unterschiedlichen Arbeitsansätze und Persönlichkeiten innerhalb des Teams bewusst zu werden.
> 3. **Teamdynamik verbessern:** Indem sich das Team darüber bewusst wird, entsteht Verständnis und (eventuell) auch Wertschätzung für die unterschiedlichen Arbeitsansätze. Das Team wird dann ermutigt werden, sich gegenseitig zu unterstützen und Synergien zwischen den Huntern und Farmern im Team zu nutzen, um gemeinsame Ziele zu erreichen.
>
> Durch die Anwendung des Hunter-Farmer-Modells im Rahmen eines Teamcoachings kann das Vertriebsteam effektiver zusammenarbeiten, seine Ziele erreichen und so das Potenzial jedes Teammitglieds optimal ausschöpfen.

4.34.4 Stärken visualisieren

Manchmal erleben wir im beruflichen Alltag Situationen, in denen es wichtig ist, sich bewusst auf die Stärken unserer Kolleginnen zu besinnen, um eine positive Arbeitsatmosphäre zu schaffen und Frustrationen zu überwinden. Eine effektive Methode hierfür ist die Durchführung einer Gruppenübung, die die Stärken visualisiert. Die Übung kann aber auch als angenehmer Ice-Breaker fungieren, z. B. bei Workshops.

Für dieses Tool benötigen Sie Post-Its, eine Wand und Teilnehmerinnen, die sich bereits kennen. Bitten Sie die Mitarbeiterinnen, jeweils drei Stärken ihrer Nachbarin oder ihrer Konfliktpartnerin auf Post-Its zu notieren. Anschließend werden die Post-Its an die Wand gehängt, und die betreffende Person hat die Gelegenheit, ihre Stärkenwahl zu erläutern.

Diese Methode eignet sich auch hervorragend für Teams. Sie können die Frage stellen: „Was macht uns als Team stark?" Die gesammelten Antworten können dann mithilfe eines Mentimeters[12] festgehalten und im Büro sichtbar platziert werden.

4.35 Impulse für den HR-Arbeitsalltag

Die nachfolgenden Tools mögen zwar nicht bahnbrechend neu sein und auch nicht zu den klassischen Coaching-Tools zählen, dennoch halte ich sie für äußerst nützlich im beruflichen Alltag. Es sind jene kleinen Kniffe, winzigen Anpassungen, die den Arbeitsalltag erleichtern und die Produktivität steigern können. Mit ihrer Hilfe lassen sich selbst routinemäßige Aufgaben effizienter bewältigen und neue Perspektiven erschließen. Die vorgestellten Tools, sind Hacks, die ich selbst im Alltag nutze und deshalb mit Ihnen teilen möchte.

4.35.1 30/60 Regel

Verbringen Sie 30 min damit, die notwendigen Aufgaben zu erledigen, machen Sie dann im Anschluss 60 min die Aufgaben, die Sie gerne erledigen.

Als HR-Professional gibt es vielleicht bestimmte administrative Aufgaben, die Sie nicht besonders gerne erledigen, wie beispielsweise das Durchführen von Performance-Bewertungen oder das Bearbeiten von Arbeitsverträgen. Um diese Aufgaben effizient zu bewältigen, können Sie sich eine Struktur wie folgt setzen: Verbringen Sie 30 min damit, die administrativen Aufgaben zu erledigen, und verwenden Sie dann die nächsten 60 min für eine angenehmere Tätigkeit, wie beispielsweise das Organisieren von Team-Events oder das Entwickeln neuer Mitarbeiterinnen-Entwicklungsprogramme. So können

---

[12] Mentimeter ist ein digitales Tool, mit dem sich in Echtzeit Umfragen erstellen lassen und Stimmungen und/oder Assoziationen abgefragt werden können.

Sie Ihre Zeit besser nutzen und sich gleichzeitig auf die weniger angenehmen Aufgaben konzentrieren, ohne sich übermäßig gestresst zu fühlen.

4.35.2 Pomodoro-Technik

An manchen Tag hat man vielleicht auch nur Sh*t-Aufgaben auf dem Schreibtisch. Da eignet sich die Pomdoro-Technik. Die Pomodoro-Technik, entwickelt von Francesco Cirillo in den späten 1980er Jahren, ist eine beliebte Zeitmanagement-Methode (Francesco, 2009),[13] die sich auch für HR-Profis als äußerst nützlicher Workhack erweist. Durch die Aufteilung der Arbeit in Intervalle von konzentrierten Arbeitsphasen, gefolgt von kurzen Pausen, ermöglicht die Pomodoro-Technik nicht nur eine effiziente Nutzung der Zeit, sondern trägt auch dazu bei, die Produktivität zu steigern und Burnout vorzubeugen. Das empfohlene Intervall ist 25 min arbeiten und 5 min Pause. HR-Profis können diese Strategie in ihren Arbeitsalltag integrieren, indem sie beispielsweise bestimmte Zeiträume für die Bearbeitung von Bewerbungen festlegen, gefolgt von kurzen Pausen, um den Geist zu erfrischen und die Konzentration aufrechtzuerhalten. Durch die Anwendung der Pomodoro-Technik können HR-Profis ihre Effizienz steigern und gleichzeitig ihre mentale Gesundheit fördern.

4.35.3 Eat the frog first

Mittlerweile ist dieser Ansatz vermutlich kein überraschender Impuls mehr, aber wie ich finde immer noch extrem hilfreich. „Eat the frog first" impliziert, dass die schwierigste und nervigste Aufgabe des Tages als allererstes erledigt wird. Oft beginnt man den Tag mit Mails oder anderen kleineren Aufgaben, was es dann schwer macht, sich später einer komplexeren Aufgabe zu widmen. Jeder hat wahrscheinlich eine solche Aufgabe auf seiner To-Do-Liste – eine telefonische Absage an eine Bewerberin, das Verfassen einer Richtlinie oder ein schwieriges Projekt. Doch anstatt die Aufgabe immer wieder aufzuschieben, sollte man sie gleich zu Beginn des Tages angehen.

So funktioniert's:

1. **Identifizieren Sie den „Frosch":** Überlegen Sie sich bereits am Tag zuvor, welche Aufgabe Ihre größte Herausforderung darstellt und legen Sie sie auf Ihren Schreibtisch. Das gibt Ihnen einen klaren Fokus für den nächsten Tag.
2. **Starten Sie den Tag damit:** Beginnen Sie Ihren Tag direkt mit der Bearbeitung dieser Aufgabe. Gehen Sie diese zuerst an, befreien Sie so Ihren Kopf von der Last und starten den Tag mit einem Gefühl der Erleichterung.

---

[13] Francesco C. (2009), The Pomodoro Technique.

3. **Teilen Sie große Aufgaben auf:** Wenn der „Frosch" zu groß erscheint, brechen Sie die Aufgabe in kleinere Teilaufgaben herunter. Das macht sie leichter zu bewältigen und Sie können schrittweise Fortschritte erzielen.

Eat the frog first, dann starten Sie mit einem produktiven Schwung in den Tag und schaffen Platz für die Bewältigung weiterer Aufgaben.

4.35.4 Erledigt!

To-Do-List war gestern, Have-Done-List ist es heute! Na klar, wir alle brauchen, um den Überblick zu behalten eine To-Do-List. Egal wo oder in welcher Form man sie führt, aber eine Auflistung der anstehenden Aufgaben haben wir alle irgendwo. Doch an manchen Tagen will diese Liste nicht kürzer werden, ständig kommt was dazwischen! Da ist die Have-Done-Liste wie ein persönlicher Erfolgsjubel, nach einem vermeintlich unproduktiven Arbeitstag oder gar einer ganzen Woche. Setzen Sie sich zurück, atmen Sie tief ein und reflektieren Sie über die kleinen Aufgaben und großen Erledigungen, die Sie im Laufe des Tages oder der Woche erledigt haben. Mit Sicherheit kommen da viele wichtige Punkte dazu, die Sie gar nicht auf Ihrer To-Do-Liste stehen hatten. Manchmal hilft es auch, diese Aufgaben aufzuschreiben, beispielsweise die ungeplante Einstellung eines neuen Teammitglieds oder das Lösen einer kniffligen Personalangelegenheit. Fertig mit der Liste? Dann schauen Sie mal drauf. Der Tag, bzw. die Woche war doch gar nicht so unproduktiv, oder?

PS: Solche Listen helfen später auch bei den eigenen Gehaltsverhandlungen. So haben sie einen Überblick, was sie eigentlich den ganzen Tag so machen und eine gute Argumentationsgrundlage.

4.35.5 Tagebuch

Tagebeuch führen? Really?! Ja! Halten Sie täglich die positiven Momente aus Ihrem Arbeitstag fest. Man kann das mit Dankbarkeitstagebüchern vergleichen, die aktuell total en vogue sind, nur eben für den Job! So lenken Sie den Fokus auf das Gute. Funktioniert auch sehr gut in den Notizen auf dem Mobiltelefon.

4.35.6 Focus Time

In vielen Unternehmen, gerade im HR, herrscht die Erwartungshaltung der ständigen Erreichbarkeit, was zwar die Kommunikation an einigen Stellen erleichtert, aber eben auch die oft die Konzentration stört. Deshalb ist es sinnvoll die focus time einzuführen:

eine Zeit am Tag, in der niemand gestört wird, um konzentriert der Arbeit nachzugehen. Man kann sich beispielsweise im Team auf eine Zeit einigen oder, wenn keiner mitmachen will, sich seine persönliche foucs time im Kalender blocken, ähnlich wie ein wiederkehrender Termin. Akustische Signale von Emails und Anrufen sollten ausgeschaltet werden. Entscheiden Sie sich dazu, die focus time einzuführen sollten Sie ihre direkten Stakeholder darüber informieren.

4.35.7 Achtsamkeitsübungen

Achtsamkeit. Überall hört man dieses Wort. Doch was bedeutet es eigentlich? Dem Dalai Lama Tenzin Gyatso wird folgendes Zitat zugeschrieben „Achtsamkeit bedeutet, dass wir ganz bei unserem Tun verweilen, ohne uns ablenken zu lassen.". Eine häufig zitierte Definition stammt von Jon Kabat-Zinn, einem Molekularbiologen und dem Begründer des MBSR-Programms zur Stressreduktion durch Achtsamkeit. Er beschreibt Achtsamkeit als eine spezifische Form der Aufmerksamkeit, die darauf basiert, bewusst und ohne Bewertung im gegenwärtigen Moment präsent zu sein. Diese Form der Aufmerksamkeit soll die Klarheit fördern und die Fähigkeit stärken, die Realität des gegenwärtigen Augenblicks anzunehmen. (Kabat-Zinn, 2013),[14] Es gibt zahlreiche empirische Bestätigungen dafür, dass achtsamkeitsbasierte Ansätze positive Auswirkungen auf die psychische Gesundheit haben. Aus diesem Grund habe ich leicht umsetzbare Achtsamkeitsübungen in meinem Alltag integriert.

Atemzentrierung
Setzen Sie sich bequem hin, schließen Sie Ihre Augen und konzentrieren Sie sich auf Ihre Atmung. Nehmen Sie bewusst wahr, wie Sie ein- und ausatmen. Lassen Sie Ihre Gedanken kommen und gehen, während Sie sich auf Ihren Atem fokussieren. Diese Übung funktioniert auch prima auf dem Bürostuhl, oder etwas unpopulär: auf der Toilette.

Mini-Pausen für den Körper
Allseits bekannt aus sämtlichen Rückenschulungsprogrammen der Krankenkassen, aber eben auch wahnsinnig effektiv, nicht nur was die Rückengesundheit angeht: Dehnübungen.
Stehen Sie zwischendurch auf und machen Sie ein paar einfache Dehnübungen. Strecken Sie die Arme über den Kopf, drehen Sie die Schultern, rollen Sie die Nackenmuskeln und strecken Sie die Beine. Das hilft Spannungen zu lösen und die Energie zu steigern.

Bewusstes Spazierengehen

---

[14] Kabat-Zinn, J. (2013), Achtsamkeit für Anfänger.

Nutzen Sie kurze Pausen, um bewusst umherzugehen. Konzentrieren Sie sich auf Ihre Schritte, spüren Sie den Boden unter den Füßen und achten Sie die Umgebung. Das kann dabei helfen, den Geist zu klären und frische Energie zu tanken.

Betrachten
Haben Sie einen Kugelschreiber schon mal intensiv betrachtet oder den Tacker neben der Tastatur? Nein, dann machen Sie das mal! Stellen Sie sich den Timer auf drei Minuten und inspizieren Sie einen Gegenstand aus nächster Nähe und schauen ihn intensiv an. Sie werden überrascht ein, was sie alles entdecken.

Sinneswahrnehmung
Schließen Sie für einen Moment die Augen und konzentriere Sie sich auf Ihre Sinne. Was hören Sie? Was riechen Sie? Was fühlen Sie auf Ihrer Haut? Nehmen Sie all diese Empfindungen bewusst wahr, ohne sie zu bewerten.

4.35.8 People Hour

„Naja, hätte ich was dazu sagen dürfen, hätte ich direkt mein Veto eingelegt!", ungefähr solche Sätze fallen oft an der Büro-Kaffeemaschine, wenn ein neues Benefit oder eine neue Richtlinie von HR eingeführt wird. Mit der People Hour gibt man den Mitarbeiterinnen die Chance, proaktiv mit Vorschlägen oder Anmerkungen in das HR-Office zu kommen. Steht eine regelmäßige People Hour im Kalender der Mitarbeiterinnen, werden sie dazu ermutigt diese Möglichkeit wahrzunehmen. Während der People Hour ist das HR-Office immer besetzt und die Tür steht offen – keine Anmeldung vorher nötig!

4.35.9 Never lunch alone

Okay, „never" ist vielleicht ein bisschen drastisch, aber die Mittagspause ist eine gute Möglichkeit, nicht nur um die Mitarbeiterinnen besser kennenzulernen, sondern auch ein tieferes Verständnis für ihre Bedürfnisse zu entwickeln. Oft gehen wir mit unseren Lieblings- und oder Teamkolleginnen lunchen oder nutzen die Zeit für uns allein. Das ist prinzipiell auch voll in Ordnung, aber wie wäre es, gelegentlich die Mittagspause dazu zu nutzen, sich ganz zwanglos mit (neuen) Kolleginnen zu treffen?

Nicht nur, dass man so nicht alleine essen muss, sondern man lernt nebenbei auch (neue) Kolleginnen kennen. Dabei wird automatisch Wissen geteilt und wer weiß, welche Möglichkeiten sich daraus ergeben können? Vielleicht entstehen ja neue gemeinsame Projekte oder Benefit- Ideen. Auf jeden Fall verbessert sich die Kommunikation, auch abteilungsübergreifend und Sie erweitern ihr eigenes soziales Netzwerk.

Also, warum nicht mal etwas Neues ausprobieren? Funktioniert übrigens auch ganz wunderbar virtuell!

4.35.10 Peer Coachings

Suchen Sie sich Komplizinnen! Peer Coachings können eine wertvolle Ressource im Arbeitsalltag von HR-Professionals sein. Sie ermöglichen es, sich mit Kolleginnen (gerne auch aus anderen Unternehmen) auf Augenhöhe auszutauschen, Herausforderungen zu besprechen und neue Perspektiven zu gewinnen. Ein Tipp wäre, regelmäßig an Peer Coachingsessions teilzunehmen, in denen HR-Professionals sich gegenseitig unterstützen und Feedback geben können. Es ist auch wichtig, einen vertrauensvollen Raum zu schaffen, in dem offene und ehrliche Gespräche stattfinden können, ohne Angst vor Bewertung oder Kritik. Durch Peer-Coachings können HR-Professionals voneinander lernen, ihre Fähigkeiten verbessern und gemeinsam Lösungen für komplexe Herausforderungen entwickeln.

4.35.11 Ich brauche noch kurz

Sie kennen die Tage, an denen Meetings, Calls und Jobinterviews nahtlos ineinander übergehen. Mit etwas Glück schaffen Sie es vielleicht gerade nochmal so ums Eck oder in die Küche, um sich einen Kaffee zu machen, bevor es schon wieder in den nächsten Termin geht.

In einer Welt, in der unsere Tage oft bis auf die Minute geplant sind, werden die Momente der Entspannung zwischen den Terminen zur Seltenheit. Besonders seit viele unserer Meetings digital stattfinden, scheinen diese Pausen noch knapper bemessen zu sein.

Doch gerade diese kleinen Lücken sind nicht nur für unser Wohlbefinden von großer Bedeutung, sondern auch dafür, dass wir nicht den „Ballast" der vorangegangenen Aktivität mit uns herumtragen. Um bei jeder Aufgabe vollkommen präsent zu sein, lohnt es sich, bewusst achtsame Momente in unseren Tagesablauf einzubauen.

Nehmen Sie sich zwischen den Terminen ruhig einen Moment Zeit, um durchzuatmen. Schließen Sie für einen Augenblick die Augen, atmen Sie bewusst ein und aus, zählen Sie langsam bis dreißig.

Es ist übrigens auch völlig in Ordnung, zu kommunizieren, dass Sie noch einen Moment für sich brauchen, um vollkommen präsent zu sein. Es ist wichtig, dass wir uns diese kleinen Augenblicke der Ruhe gönnen, um gestärkt und fokussiert durch den Tag zu gehen.

4.35.12 Effektive Meetings

Wie oft sitzen Sie in Meetings und schwanken zwischen dem Gedanken „Das hätte eine E-Mail sein können" und „Wow- der Redebeitrag hätte ein ganzes Buch gefüllt"? Optimieren Sie Meetings, indem Sie eine klare Agenda setzen, Meetings und Redebeiträge zeitlich begrenzen und sicherstellen, dass konkrete Ergebnisse und Follow-up-Aktionen festgehalten werden.

4.35.13 E-Mail-Management

Pling! Schon wieder eine E-Mail und die nächste Aufgabe steht auf der To-Do-Liste. Vermeiden Sie es, ständig E-Mails zu überprüfen. Stellen stattdessen feste Zeiten am Tag ein, zu denen Sie die E-Mails abrufen und beantworten. Sollte es wirklich brennen, wird die Person sie anderweitig kontaktieren.

4.35.14 Delegation von Aufgaben

Klingt easy? Ist es auch. Sie müssen nicht alles alleine machen! Seien Sie bereit, Aufgaben zu delegieren, die andere genauso gut oder vielleicht sogar besser erledigen können als Sie. Glauben Sie mir, dass befreit Sie von übermäßiger Arbeitslast und ermöglicht es Ihnen, sich auf wichtigere Aufgaben zu konzentrieren.

4.35.15 Multitasking is not the key

Ring! Pling! Klopf! Hier ein Anruf, da eine E-Mail, dort eine Kollegin in der Tür. Vermeiden Sie Multitasking und versuchen, sich auf eine Aufgabe zu konzentrieren, anstatt zu multitasken. Das führt oft zu ineffizienter Arbeitsweise und minderer Qualität der Arbeit bzw. Umsetzung.

4.35.16 Bewerberinnenstuhl

Sie struggeln aktuell mit Ihrem Recruitingprozess? Kundinnenorientierung ist ein zentraler Faktor für den Erfolg eines Unternehmens und genau das ist übertragbar auf den Bewerbungsprozess. Um sicherzustellen, dass die Bedürfnisse der Bewerberinnen im Bewerbungsprozess nicht aus den Augen verloren gehen, kann der „Bewerberinnenstuhl" verwendet werden.

Ein Platz wird immer für die Bewerberin reserviert. Das kann in physischen Meetings ein echter Stuhl sein, auf den man sich bei Ideen/Anmerkungen setzt oder aber auch ein bestimmtes Teammitglied, das immer in die Rolle der potenziellen Kandidatin schlüpft. Es handelt sich hier um einen klassischen Perspektivwechsel.

Fragen Sie sich:

- Was würde unsere Bewerberin zu diesem Thema/ dieser Idee/ dieser Prozessgestaltung sagen, wenn sie hier im Raum wäre?
- Welche Auswirkungen hat unsere Entscheidung auf die Bewerberin?

4.35.17 Automatisierung von Standardkommunikation

Wenn Sie es noch nicht getan haben, tun Sie es! Viel zu oft denkt man sich: „Das mache ich morgen!" und dann ist wieder ein halbes Jahr vergangen. Erleichtern Sie Ihre Arbeit mit der Automatisierung von Standardkommunikation. Nutzen Sie Tools um Kommunikation wie Terminerinnerungen, Einladungen zu Vorstellungsgesprächen oder Follow-up-Nachrichten zu automatisieren. Die Zeitersparnis ist enorm und es wird eine höhere Qualität der HR-Arbeit gewährleistet.

4.35.18 Personalmanagement-Software

Überlegen Sie noch oder arbeiten Sie schon? Investieren Sie in eine gute Personalmanagement-Software, die Funktionen wie Mitarbeiterinnendatenbanken, Leistungsmanagement, Urlaubsverwaltung und Zeiterfassung bietet. Diese Tools können viele administrative Aufgaben automatisieren und die Datengenauigkeit verbessern und? Genau! Die Qualität der HR-Arbeit verbessern. Denn durch die Erledigung der Adminarbeiten, haben Sie mehr Zeit für Projekte und andere Aufgaben.

Unconscious Bias- was wir darüber wissen sollten

5.1 Definition Unconscious Bias

Unconscious Bias kann man sinngemäß mit unbewussten Vorurteilen, Voreingenommenheit oder Befangenheit übersetzen. Das englische Wort bezeichnet die subjektive Verzerrung der Wahrnehmung, der Erinnerung und der Meinungsbildung.

Setzt man sich mit Unconscious Bias auseinander, kommt man an Daniel Kahneman nicht vorbei. Er ist ein renommierter Psychologe und Nobelpreisträger, der für seine Arbeit im Bereich der Verhaltensökonomie und der Erforschung menschlicher Denkprozesse bekannt ist. Kahneman beschreibt unser Denksystem als zwei Hauptsysteme (Kahneman, 2011)[1]: System 1 und System 2.

- **System 1:** Dieses System ist intuitiv, schnell und automatisch. Es operiert ohne bewusste Anstrengung und ist verantwortlich für schnelle Entscheidungen und spontane Reaktionen. Es basiert auf Heuristiken, Mustererkennung und schnellen Schlussfolgerungen. Allerdings kann es auch anfällig für Vorurteile und Fehler sein.
- **System 2:** Im Gegensatz dazu ist System 2 eher langsam, bewusst und anstrengend. Es erfordert bewusste Aufmerksamkeit und Denkanstrengung. System 2 wird aktiviert, wenn komplexe Probleme gelöst werden müssen, wenn bewusste Analysen oder logische Schlussfolgerungen erforderlich sind.

Kahneman argumentiert, dass diese beiden Systeme zusammenarbeiten, um unser Denken zu beeinflussen. System 1 ist schnell und effizient, aber anfällig für Fehler, während System 2 genauer ist, aber mehr kognitive Ressourcen erfordert. Unsere Entscheidungen werden oft durch das Zusammenspiel dieser beiden Systeme geprägt.

---

[1] Kahneman, Daniel (2011), Schnelles Denken, Langsames Denken. Siedler Verlag: München.

Unsere Verhaltensweisen werden durch unsere unbewussten Denkmuster (System 1), die aus Erfahrungen und den damit verbundenen Gefühlen und Gedanken entstehen, geformt.

Ein Beispiel: Beim Lesen des Wortes „Brasilien" können verschiedene Assoziationen auftauchen, wie die pulsierende Stadt Rio de Janeiro, der Amazonas-Regenwald, der Karneval in Salvador, die berühmten brasilianischen Fußballmannschaften oder sogar persönliche Erinnerungen wie ein unvergesslicher Urlaub an den Stränden der Copacabana oder ein prägendes Treffen mit Natives während einer Reise.

Wichtig ist es, sich darüber klar zu werden, dass wir alle Vorurteile haben, die in unserem Gehirn verankert sind, unabhängig von unserem Geschlecht, unserer Ausbildung oder unserem sozialen Status. Deshalb ist es schwierig, komplett ohne Vorurteile und rein rational zu entscheiden. Diese unbewussten Vorurteile sind wie eingefahrene Wege in unserem Denken, die sich durch unser Leben und unsere Erfahrungen herausgebildet haben. Sobald wir solch einen eingefahrenen Weg im Kopf haben, tendieren wir dazu, immer wieder auf diese Denkmuster zurückzufallen, was die Vorurteile nur verstärkt.

Es ist hilfreich, sich bestimmte Fragen zu stellen, die dazu beitragen können, die unbewussten Vorurteile zu identifizieren und zu vermeiden. Diese Fragen dienen nicht nur dazu, die eigene Denkweise zu hinterfragen, sondern tragen auch dazu bei, ein Umfeld zu schaffen, in dem alle Mitglieder des Teams gleiche Chancen haben und gehört werden. Indem Sie sich regelmäßig selbst und Ihrem Team die folgenden Fragen stellen, können Sie dazu beitragen, eine Kultur der Sensibilität, des Respekts und der Fairness zu fördern.

- Welche Kriterien verwenden wir, um Kandidatinnen auszuwählen, und könnten diese Kriterien unbewusste Vorurteile beinhalten?
- Bin ich mir meiner eigenen Vorurteile bewusst und wie könnten sie sich auf meine Entscheidungen auswirken?
- Haben wir vielfältige Interviewpanels, um sicherzustellen, dass unterschiedliche Perspektiven einbezogen werden?
- Verwenden wir standardisierte Bewertungskriterien, um die Kandidatinnen fair zu bewerten, oder lassen wir uns von persönlichen Eindrücken leiten?
- Wie können wir sicherstellen, dass alle Bewerberinnen gleiche Chancen haben, unabhängig von ihrem Hintergrund, Geschlecht, Alter oder anderen persönlichen Merkmalen?
- Bieten wir Schulungen und Sensibilisierungsmaßnahmen zum Thema unbewusste Vorurteile an, um das Bewusstsein und die Fähigkeiten unserer Mitarbeiterinnen zu stärken?
- Überprüfen wir regelmäßig unsere Einstellungs- und Beförderungspraktiken auf mögliche Anzeichen von Bias?
- Haben wir klare Richtlinien und Verfahren, um Beschwerden über mögliche Diskriminierung oder Vorurteile zu behandeln?

- Betrachten wir alternative Wege zur Bewertung von Kandidatinnen, die über traditionelle Methoden hinausgehen und möglicherweise unbewusste Vorurteile reduzieren können?
- Sind wir bereit, Feedback von Mitarbeiterinnen, Bewerberinnen und gegebenenfalls externen Expertinnen zu unserem Recruitingprozess einzuholen und umzusetzen, um einen inklusiveren und faireren Prozess zu gewährleisten?

Exkurs: Bias im Coaching
Auch im Coaching können Bias die Fähigkeit des Coaches, neutral, objektiv und unterstützend zu sein, beeinflussen. Die Bias können verschiedene Formen annehmen:

1. *Perspektiven-Bias: Eine Coachin kann aufgrund ihrer eigenen Erfahrungen, Überzeugungen oder persönlichen Perspektiven eine Neigung haben, bestimmte Ansichten oder Lösungen zu bevorzugen.*
2. *Kultureller Bias: Unterschiede in Kultur, Hintergrund oder Werten können zu Missverständnissen führen oder die Wahrnehmung der Coachin von Situationen oder Lösungen beeinflussen.*
3. *Bestätigungs-Bias: Eine Coachin könnte dazu neigen, Informationen zu suchen oder zu interpretieren, die ihre bestehenden Überzeugungen oder Erwartungen bestätigen, anstatt objektiv zu bleiben.*
4. *Attributions-Bias: Das bezieht sich darauf, wie die Coachin die Ursachen von Verhalten oder Problemen bei ihre Klienin interpretiert. Ein Coach könnte dazu neigen, bestimmte Ursachen oder Faktoren überzubetonen oder zu vernachlässigen.*

Um die Auswirkungen von Bias im Coaching zu minimieren, ist es wichtig, sich dieser möglichen Verzerrungen bewusst zu sein und bewusst eine neutrale und offene Haltung zu bewahren. Reflektion, kontinuierliche Weiterbildung und das Einholen von Feedback können einer Coachin helfen, ihre eigenen Vorurteile zu erkennen und zu adressieren, um eine effektive und faire Unterstützung für ihre Klientinnen zu bieten.

5.2 Übertragung der Erkenntnisse ins HR

Als HR-Professional können die Erkenntnisse über unconscious Bias äußerst wertvoll sein, denn es gibt vielfältige Ansätze, um Bias zu reduzieren und eine gerechte Arbeitsumgebung zu schaffen. Angenommen, Sie als HR-Professional treffen auf eine Bewerberin, die ein ähnliches Hobby wie Sie hat. Diese Verbindung könnte unbeabsichtigt zu einer positiven Voreingenommenheit führen und die Bewertung der Bewerbung beeinflussen. Das nennt man Ähnlichkeits-Bias.

Ein weiterer Bias kann der Halo-Effekt sein. Der kann dazu führen, dass positive Merkmale einer Kandidatin oder Mitarbeiterin die Wahrnehmung anderer Eigenschaften beeinflussen. HR-Expertinnen könnten dazu neigen, Informationen zu suchen, die ihre anfänglichen Annahmen über eine Kandidatin bestätigen, anstatt objektiv alle verfügbaren Informationen zu berücksichtigen Der Bestätigungsfehler, ebenfalls ein unconscious

Bias, kann dazu führen, dass Sie Informationen suchen, die Ihre anfänglichen Annahmen bestätigen.

Stereotypen spielen ebenfalls eine Rolle in dieser Thematik, da sie mit Vorurteilen aufgrund von Geschlecht, Alter und/oder ethnischer Zugehörigkeit einhergehen. Das unbewusste Schubladendenken könnte dazu führen, dass bestimmte Kandidatinnen benachteiligt werden. Beispielsweise könnten stereotype Vorstellungen über die Leistungsfähigkeit von Frauen in technischen Berufen dazu führen, dass weibliche Bewerberinnen benachteiligt werden.

Der Affinitäts-Bias kann dazu führen, dass HR-Verantwortliche Kandidatinnen bevorzugen, zu denen sie persönlich eine Verbindung fühlen.

Abschließend möchte ich noch auf den guten ersten Eindruck verweisen. HR-Professionals könnten sich auf den ersten Eindruck einer Kandidatin verlassen, anstatt alle verfügbaren Informationen zu berücksichtigen.

Um diesem Bias entgegenzuwirken, ist es als HR-Kraft wichtig, sich bewusst zu machen, wie persönliche Vorlieben die Beurteilung beeinflussen könnten, und sicherstellen, dass die Auswahl fair und objektiv bleibt. Es ist ratsam, sich bei der Bewertung von Bewerberinnen auf ihre Fähigkeiten und Qualifikationen zu konzentrieren, die den Anforderungen der Stelle entsprechen, unabhängig davon, ob gemeinsame Hobbys vorhanden sind oder nicht. Ein weiterer Schritt ist die Implementierung strukturierter Bewertungsverfahren als HR-Professional, um sicherzustellen, dass alle Bewerberinnen gleichbehandelt werden, ungeachtet ihrer persönlichen Interessen. Beim Recruiting und in Einstellungsprozessen können strukturierte Interviews eingesetzt werden, um allen Kandidatinnen gleiche Chancen zu bieten und verschiedene Perspektiven zu berücksichtigen.

Zusätzlich sind Schulungen für Führungskräfte und Mitarbeiterinnen entscheidend, um Bewusstsein für Unconscious Bias zu schaffen und eigene Vorurteile zu erkennen.

Die Performancebewertung ist ein weiterer kritischer Bereich. Es ist wichtig, die Bewertungsprozesse regelmäßig zu überprüfen, um sicherzustellen, dass sie objektiv sind und keine Bias enthalten. Klare Kriterien und Daten helfen dabei, objektive Entscheidungen zu treffen und eine faire Beurteilung zu gewährleisten.

Es ist von entscheidender Bedeutung, Diversity & Inclusion zu betonen. Indem Programme und Initiativen eingeführt werden, die die Vielfalt der Mitarbeiterinnen fordern, fördern und auch feiert, entsteht eine Kultur, die verschiedene Hintergründe und Perspektiven wertschätzt.

Und schließlich ist Feedback und Kommunikation von großer Bedeutung. Offene und konstruktive Kommunikation im Team fördert eine Atmosphäre, in der verschiedene Stimmen gehört und geschätzt werden. Es ist wichtig, regelmäßiges Feedback anzubieten und eine Umgebung zu schaffen, in der alle Mitarbeiterinnen sich gehört fühlen.

5.3 Persönlicher Erfahrungsbericht mit Unconscious Bias

Als Recruiterin war es meine Aufgabe, objektive Entscheidungen zu treffen und sicherzustellen, dass jede Bewerberin fair behandelt wird. Doch trotz meiner besten Absichten bin auch ich nicht immun gegen Vorurteile und mir ist ein Affinitäts-Bias unterlaufen, und ich möchte gerne meine Erfahrung teilen.

Während eines Bewerbungsgesprächs für eine Position bei meiner damaligen Arbeitgeberin fiel mir der Lebenslauf eines Bewerbers sofort ins Auge. Er hatte eine ähnliche Ausbildung wie ich und wir teilten sogar einige gemeinsame Interessen. Sofort fühlte ich eine gewisse Verbundenheit und Sympathie für ihn.

Während des Gesprächs bemerkte ich, wie ich begann, seine Antworten positiver zu interpretieren und seine Schwächen weniger stark zu gewichten. Meine Vorstellung davon, wie gut er ins Team passen würde, war bereits gefärbt von meiner persönlichen Affinität zu ihm.

Es dauerte eine Weile, bis mir bewusst wurde, was in dem Moment passierte. Als Recruiterin war es meine Verantwortung, objektiv zu bleiben und die Kandidatinnen fair zu bewerten. Ich musste mich selbst daran erinnern, dass Sympathie und gemeinsame Interessen keine validen Kriterien für die Einstellung sind.

Um meinen Fehler zu korrigieren, nahm ich mir einen Moment, um meine Gedanken zu sammeln und mich wieder auf die relevanten Fähigkeiten und Qualifikationen des Bewerbers zu konzentrieren. Ich stellte mir vor, wie ich die Situation aus einer neutralen Perspektive betrachten würde, ohne von persönlichen Vorlieben beeinflusst zu sein.

Letztendlich traf ich die Entscheidung, den Bewerber nicht einzustellen, da andere Kandidatinnen besser zu den Anforderungen der Stelle passten. Aber dieser Vorfall hat mir klar gemacht, wie wichtig es ist, sich bewusst zu machen, dass Vorurteile in jedem von uns existieren, und dass es unsere Aufgabe ist, sie zu erkennen und zu überwinden, um gerechte Entscheidungen zu treffen.

Die Bedeutung von Körpersprache 6

6.1 Einführung Körpersprache

Jan Sentürk (Auto, Speaker und Trainer für Körpersprache und Kommunikation) definierte 2012 Körpersprache folgendermaßen: „Körpersprache ist die fortwährend stattfindende äußere Darstellung des inneren Befindens. Dazu gehören alle bewusst oder unbewusst ausgeführten ebenso wie alle bewusst oder unbewusst unterlassenen Bewegungen und körpersprachlichen Äußerungen. Dabei ist es gleichgültig, ob deren Umfang von anderen Menschen wahr- oder zur Kenntnis genommen wir oder nicht." (Sentürk, 2012, S. 13).[1]

Mimik, das sind beispielsweise Gesichtsausdrücke wie Lächeln, Stirnrunzeln, Augenbrauen heben oder senken, kann viel über die Gefühle und Absichten einer Person verraten. Ein Lächeln kann Freundlichkeit oder Zustimmung signalisieren, während ein Stirnrunzeln Unbehagen oder Missbilligung ausdrücken kann.

Die Art und Weise, also die Gestik, wie eine Person ihre Hände und Arme bewegt, kann ihre Emotionen und Absichten reflektieren. Offene Handflächen können Offenheit und Ehrlichkeit zeigen, während verschränkte Arme oft eine Abwehrhaltung oder Unsicherheit signalisieren.

Auch die Körperhaltung, also wie eine Person steht oder sitzt, kann viel darüber aussagen, wie sie sich fühlt. Aufrechte Haltung kann Selbstbewusstsein oder Autorität signalisieren, während gesenkte Schultern oder ein nach unten gerichteter Blick auf Schüchternheit oder Mangel an Selbstvertrauen hinweisen können.

Der Blickkontakt ist ein weiterer wichtiger Aspekt der Körpersprache. Direkter Blickkontakt kann Interesse oder Aufrichtigkeit signalisieren, während mangelnder Blickkontakt auf Desinteresse oder Unwohlsein hinweisen kann.

---

[1] Sentürk, J. (2012), Schulterblick und Stöckelschuh.

Berührung en gehören auch zur Körpersprache. Wie eine Person andere berührt oder berührt wird, kann viel über ihre Beziehung und über die gegenseitigen Gefühle füreinander aussagen. Eine sanfte Berührung kann Zuneigung oder Unterstützung zeigen, während eine plötzliche, unerwünschte Berührung Unbehagen vermitteln kann.

Wichtig zu beachten ist, dass die Interpretation von Körpersprache nicht immer eindeutig ist und von verschiedenen Faktoren wie Kultur, Persönlichkeit und Kontext beeinflusst werden kann.

Das obige Zitat betont, dass Körpersprache nicht nur aus bewussten Gesten oder Äußerungen besteht, sondern auch unbewusste Bewegungen und das Unterlassen von Handlungen umfasst. Diese nonverbalen Ausdrucksformen reflektieren unsere Emotionen, Gedanken und Stimmungen, selbst wenn sie von anderen nicht bewusst wahrgenommen werden.

Es spielt auch keine Rolle, ob diese Signale bewusst oder unbewusst gesendet oder von anderen Menschen wahrgenommen werden – sie sind dennoch ein kontinuierlicher Ausdruck unseres Inneren nach außen. Diese fortlaufende Dynamik zwischen dem, was wir fühlen, denken und unserem nonverbalen Ausdruck, prägt unsere Körpersprache und gibt anderen Einblicke in unsere Gefühlswelt, auch wenn wir uns dessen nicht immer bewusst sind.

Zusammengefasst bedeutet das, dass Körpersprache die nonverbale Kommunikation durch Gesten, Mimik, Haltung und Bewegungen ist. Sie spielt eine bedeutende Rolle bei der Wahrnehmung, die andere von uns haben. Tatsächlich machen nonverbale Signale und Gesten mehr als die Hälfte des Eindrucks aus, den andere Menschen von unserer Persönlichkeit und unserem Auftreten gewinnen.

Es gibt verschiedene Arten der Körpersprache, die sich in ihrem Bewusstseinsgrad unterscheiden:

1. **Bewusste Körpersprache:** Das sind absichtliche und gezielte Bewegungen oder Gesten, die eine Person bewusst einsetzt, um eine Botschaft zu vermitteln. Zum Beispiel kann jemand bewusst lächeln, um Freundlichkeit zu zeigen oder eine bestimmte Geste verwenden, um eine Information zu betonen.
2. **Halbbewusste Körpersprache:** Diese Art der Körpersprache geschieht meist ohne bewusste Absicht, aber wenn die Person darauf hingewiesen wird, kann sie erkennen, dass sie bestimmte Gesten oder Haltungen verwendet. Es könnte sein, dass jemand nervös mit den Fingern spielt oder sich unbewusst die Hände reibt, ohne sich dessen voll bewusst zu sein. Solche Gesten können Aufschluss über die Emotionen oder das innere Befinden einer Person geben.
3. **Unbewusste Körpersprache:** Hierbei handelt es sich um nicht kontrollierte und spontane Reaktionen des Körpers, die oft tiefer liegende Emotionen oder Gedanken einer Person widerspiegeln, die sie möglicherweise nicht einmal selbst erkennt. Beispielsweise können Mikroexpressionen im Gesicht, winzige Veränderungen in der Mimik,

Emotionen verraten, die jemand möglicherweise zu verbergen versucht. Auch die Körperhaltung und -bewegungen können unbeabsichtigt Informationen über die wahre Gefühlslage preisgeben.

Die Kategorien sind nicht immer klar voneinander abgegrenzt, da Körpersprache oft eine Mischung aus bewussten, halbbewussten und unbewussten Elementen sein kann. Es ist wichtig, die verschiedenen Ebenen der Körpersprache zu verstehen, um die nonverbale Kommunikation besser interpretieren zu können.

Setzen wir uns mit Körpersprache auseinander, ist ein kurzer Ausflug in unser Gehirn notwendig, denn dort befindet sich das Limbische System. Das Limbische System, das emotionale Zentrum unseres Gehirns, beeinflusst stark, wie wir uns nonverbal ausdrücken. Es steuert unsere Emotionen und impulsiven Reaktionen. Wenn wir uns also freuen, ängstlich sind oder sogar unsicher fühlen, zeigt sich das oft in unserer Körpersprache. Ein Lächeln, ein nervöses Zappeln oder eine aufrechte Haltung – all das sind Zeichen, die vom Limbischen System beeinflusst werden.

Das Großhirn, unser „Denkzentrum", spielt ebenfalls eine Rolle. Es kontrolliert bewusste Handlungen und Interpretationen. Wir nutzen es, um bewusst Signale anderer zu deuten oder unsere eigenen nonverbalen Botschaften zu kontrollieren. Wenn wir also versuchen, unsere Körpersprache bewusst anzupassen, indem wir zum Beispiel unsere Haltung ändern oder bewusst lächeln, ist das Großhirn maßgeblich daran beteiligt.

Letztlich arbeiten das Limbische System und das Großhirn Hand in Hand, um unsere nonverbale Kommunikation zu formen. Emotionen und Gedanken beeinflussen, wie wir uns bewegen und welche Signale wir aussenden. Ist es nicht faszinierend, wie unser Gehirn und unsere Emotionen sich in unserer Körpersprache widerspiegeln?

Folgend möchte ich ein paar Beispiele für Mimik und Gestiken geben und was sie bedeuten können.

Mimik

1. **Mund zusammenpressen:**
   - Unterdrückte Wut, Unzufriedenheit, Anspannung
   - Kann auch verwendet werden, um eine Meinung zurückzuhalten oder um sich zu konzentrieren
2. **Lippen beißen:**
   - Nervosität, Unsicherheit, Spannung.
   - Manchmal auch eine Reaktion auf Stress oder Angst
3. **Zucken der Augenlider:**
   - Überraschung, Irritation, Müdigkeit
   - Kann auch eine unsichere oder nervöse Reaktion sein
4. **Nase rümpfen:**
   - Ekel, Missbilligung, Geruchsintensität

- Oft eine spontane Reaktion auf etwas Unangenehmes oder Unappetitliches
5. **Mundwinkel nach unten ziehen:**
   - Trauer, Enttäuschung, Desinteresse
   - Kann auch Frustration oder Ärger anzeigen
6. **Lächeln:**
   - Freundlichkeit, Zustimmung, Freude
   - Ein höfliches Lächeln kann auch als soziale Geste dienen, ohne echte Emotion dahinter
7. **Stirn in Falten legen:**
   - Verwirrung, Konzentration, Nachdenklichkeit
   - Manchmal auch Anzeichen von Unzufriedenheit oder Ärger
8. **Augenbrauen hochziehen:**
   - Überraschung, Interesse, Skepsis
   - Je nach Kontext kann es auch Verwirrung ausdrücken

Gestiken:

1. **Hände vor dem Mund:**
   - Überraschung, Schock, Scham
   - Kann auch verwendet werden, um eine Reaktion zu verbergen oder um Unsicherheit zu zeigen
2. **Hände an die Stirn legen:**
   - Frustration, Überforderung, Verzweiflung
   - Kann auch verwendet werden, um nachzudenken oder sich zu konzentrieren
3. **Hände über die Brust legen:**
   - Selbstschutz, Ablehnung, Unwohlsein.
   - Oft eine unbewusste Reaktion auf Bedrohung oder Unbehagen
4. **Nägel kauen:**
   - Nervosität, Anspannung, Ungeduld.
   - Kann auch eine Gewohnheit sein, die in Zeiten von Stress oder Langeweile verstärkt wird
5. **Augen rollen:**
   - Verachtung, Frustration, Überheblichkeit
   - Häufig eine Reaktion auf etwas, das als dumm, ärgerlich oder unangemessen empfunden wird
6. **Arme verschränken:**
   - Verteidigung, Abwehrhaltung, Skepsis.
   - Kann auch einfach eine bequeme Position sein, aber im Kontext von Diskussionen oder Verhandlungen kann es Feindseligkeit signalisieren.
7. **Handflächen nach oben zeigen:**
   - Offenheit, Bereitschaft, Hingabe
   - Eine einladende Geste, die oft verwendet wird, um Vertrauen aufzubauen

8. **Hände an die Hüften legen:**
   - Frustration, Ungeduld, Dominanz
   - Kann auch verwendet werden, um Selbstsicherheit oder Autorität zu zeigen

Trotz des Wissens, das wir über Körpersprache ansammeln, ist es wichtig zu bedenken, dass wir manchmal falsche Schlussfolgerungen ziehen können. Dies geschieht möglicherweise, weil wir Signale einfach falsch interpretieren, oft beeinflusst von unseren unbewussten Vorurteilen – Stichwort Unconscious Bias. Signale können subtil sein und erfordern oft ein genaues Beobachten, um ihre Bedeutung zu erfassen. Es ist auch wichtig, sie im Kontext der Gesamtsituation zu betrachten, um eine genauere Interpretation vorzunehmen.

Exkurs: Kulturelle Unterschiede in der Körpersprache
Kulturelle Unterschiede in der Körpersprache können enorm sein und zu Missverständnissen führen, wenn man sie nicht berücksichtigt. Ein interessantes Beispiel betrifft die Geste des Kopfnickens oder Kopfschüttelns.

In vielen westlichen Kulturen wird ein Kopfnicken als Zustimmung oder Bejahung interpretiert, während ein Kopfschütteln das Gegenteil, also Ablehnung oder Verneinung, ausdrückt.

Jedoch hat beispielsweise das Kopfnicken in einigen asiatischen Ländern wie Indien oder Thailand unterschiedliche Bedeutungen. Dort kann ein Kopfnicken als Zeichen höflicher Aufmerksamkeit oder Respekt verstanden werden und bedeutet nicht unbedingt Zustimmung. Es kann auch genutzt werden, um höflich zu signalisieren, dass man den Sprecher verstanden hat, ohne tatsächlich Zustimmung auszudrücken.

Ein weiteres Beispiel betrifft die Verwendung von Gesten. Das Zeigen mit dem Finger auf Menschen wird in einigen Kulturen als unhöflich oder respektlos betrachtet, während es in anderen Kulturen als normale Art der Aufmerksamkeitslenkung akzeptiert ist.

Es ist wichtig, solche kulturellen Unterschiede zu verstehen, um Missverständnisse zu vermeiden und respektvoll miteinander zu interagieren, besonders in Situationen, in denen man mit Menschen aus verschiedenen kulturellen Hintergründen zu tun hat.

6.2 Bedeutung im Coaching

Körpersprache verrät demnach mehr über eine Person, als Worte allein und deshalb spielt sie auch eine bedeutende Rolle im Coaching. Sie ist eine faszinierende Facette der menschlichen Kommunikation. Jenseits der gesprochenen Worte sendet Körpersprache oft nonverbale Signale, die auf Emotionen, Unsicherheiten oder sogar versteckte Gedanken hinweisen können. Denken Sie an die gekreuzten Arme, ein nervöses Spiel mit den Fingern oder ein entspanntes Lächeln – all diese Gesten sprechen manchmal lauter als Worte.

Im Coaching ist es für eine Coachin äußerst wichtig, die Körpersprache ihrer Klientinnen zu lesen. Durch die Beobachtung der Körpersprache erhält sie Hinweise darauf, wie sich die Klientin wirklich fühlt, selbst wenn sie es verbal nicht ausdrückt. Es eröffnet eine zusätzliche Ebene des Verständnisses und ermöglicht es, tiefer in die Gedankenwelt des Gegenübers einzutauchen.

Eine kongruente Körpersprache, die mit dem Gesagten übereinstimmt, unterstreicht Glaubwürdigkeit und Authentizität. Wenn im Coaching sowohl Coachin als auch Klientin authentisch sind, kann die Körpersprache dazu beitragen, diese Authentizität zu erkennen und zu fördern. Es geht darum, eine ehrliche und vertrauensvolle Beziehung aufzubauen.

Die Körpersprache ist ein unsichtbares Band, das eine Verbindung zwischen Coachin und Klientin herstellt. Sie spielt eine Rolle im Aufbau einer positiven Beziehung und ermöglicht der aufmerksamen Coachin zu erkennen, ob die Klientin sich wohl fühlt, ob Vertrauen besteht oder ob es Hindernisse im Coaching-Prozess gibt. Es geht darum, ein Umfeld zu schaffen, in dem sich die Klientinnen frei ausdrücken können.

Eine weitere faszinierende Facette der Körpersprache ist ihre Auswirkung auf die Selbstwahrnehmung. Beobachten Menschen ihre eigene Körpersprache, können sie ihre Gefühle und Reaktionen besser verstehen. Im Coaching kann die Coachin die Klientin dabei unterstützen, sich ihrer eigenen Körpersprache bewusst zu werden und zu verstehen, wie sie sich auf die Gedanken, Gefühle und Verhaltensweisen anderer auswirkt.

Körpersprache spielt auch eine große Rolle bei der Verbesserung der Kommunikation. Lernt die Klientin, ihre eigene Körpersprache zu interpretieren und gezielt einzusetzen, kann sie die Art und Weise verbessern, wie Botschaften vermittelt werden. Hierbei geht darum, eine klare und authentische Kommunikation zu fördern.

Insgesamt kann eine bewusste Berücksichtigung der Körpersprache im Coaching-Prozess dazu beitragen, eine effektivere Kommunikation zu ermöglichen, die Selbstwahrnehmung zu fördern und eine tiefere Ebene des Verständnisses zwischen Coachin und Klientin zu erreichen. Es ist eine subtile, aber kraftvolle Sprache, die viele Türen zu einem tieferen Verständnis öffnen kann.

6.3 Wie wir die Erkenntnisse im HR nutzen können

Im täglichen Arbeitsablauf können HR-Professionals enorme Vorteile aus dem Verständnis der Körpersprache ziehen. Bewusstsein für nonverbale Signale spielt beispielsweise eine zentrale Rolle im Umgang mit Mitarbeiterinnen – sei es bei Interviews, Mitarbeiterinnengesprächen oder der Lösung von Konflikten. Das Erkennen solcher nonverbalen Hinweise ermöglicht es Ihnen, feinfühlig auf die Bedürfnisse und Emotionen der Mitarbeiterinnen einzugehen.

In einem globalen Arbeitsumfeld ist die Sensibilität für kulturelle Unterschiede in der Körpersprache von entscheidender Bedeutung. HR-Professionals, die die Vielfalt nonverbaler Ausdrucksformen verstehen, können Konflikte minimieren und eine effektive Kommunikation fördern.

Sie können die Erkenntnisse auch sehr gut in alltäglichen Gesprächen anwenden. Ich kann Ihnen nur raten, nicht nur auf das Gesagte zu achten, sondern auch auf das nonverbale Verhalten der Mitarbeiterinnen. So können HR-Professionals unterstützende und maßgeschneiderte Hilfe bieten oder auf nicht offensichtliche Anliegen eingehen- *Und was noch?*

Bei der Arbeit mit Teams kann das Wissen über Körpersprache dabei helfen, das Gruppenklima zu verbessern. Sie können nonverbale Signale innerhalb des Teams lesen, um etwaige Spannungen zu erkennen, gegenzusteuern und den Teamzusammenhalt zu stärken.

Die Integration von Körpersprache-Erkenntnissen in den Alltag von HR-Professionals trägt dazu bei, dass Sie effektiver kommunizieren, die Mitarbeiterinnenzufriedenheit steigern und eine harmonische Arbeitsumgebung schaffen können.

Ich möchte an dieser Stelle nochmal Werbung für Nunchi machen. Nunchi beinhaltet das Lesen von nonverbalen Signalen wie Körpersprache, Gesichtsausdrücken, Tonfall und anderen subtilen Hinweisen, um ein Verständnis für die Emotionen und Absichten anderer Menschen zu entwickeln. Laut der koreanischen Philosophie wird Nunchi als eine sehr wichtige Fähigkeit in sozialen Interaktionen betrachtet, da es ermöglicht, sensibel und angemessen auf verschiedene Situationen zu reagieren. Es kann dazu beitragen, Missverständnisse zu vermeiden, Harmonie in Beziehungen zu fördern und das allgemeine zwischenmenschliche Wohlbefinden zu verbessern.

Auch im Hinblick auf die Körpersprache können Sie von der Philosophie des Nunchi profitieren:

- *Feinfühligkeit für subtile Signale:* Nunchi betont die Fähigkeit, subtile nonverbale Hinweise zu erkennen. HR-Professionals, die Nunchi anwenden, können besser auf die Bedürfnisse und Emotionen der Mitarbeiterinnen eingehen, da sie nonverbale Signale wie Körperhaltung, Mimik und Gesten aufmerksam interpretieren.
- *Förderung von Empathie und Verständnis:* Nunchi lehrt, sich in andere einzufühlen und sie besser zu verstehen. Wenden Sie diese Philosophie an, können Sie eine empathische Unternehmenskultur fördern, indem Sie die Körpersprache nutzen, um die Bedürfnisse und Gefühle der Mitarbeiterinnen zu erkennen und angemessen darauf zu reagieren.
- *Konfliktmanagement durch Nunchi:* Die Nutzung von Nunchi in der Körpersprache kann HR-Professionals helfen, unausgesprochene Emotionen oder Spannungen zu erkennen. So können potenzielle Konflikte frühzeitig erkannt und gelöst werden, bevor sie eskalieren.

6.4 Persönlicher Erfahrungsbericht

Als HR-Managerin bin ich ständig von Menschen umgeben – Bewerberinnen, Mitarbeiterinnen, Führungskräfte. Deshalb habe ich mich entschlossen mehr über Körpersprache zu lernen, um meine Fähigkeiten als HRlerin zu verbessern. Ich las Bücher, besuchte Seminare und übte, die nonverbalen Signale meiner Gesprächspartnerinnen aufmerksam zu beobachten. Das Wissen über Körpersprache hat mir schon häufiger den Arbeitsalltag erleichtert, aus diesem Grund habe ich dem Thema auch ein eigenes Kapitel gewidmet.

Bewerbungsgespräche stehen fast täglich auf meiner Agenda. Immer wieder bemerke ich durch subtile Hinweise von Unsicherheit in der Körpersprache die Nervosität von Kandidatinnen, die vermeintlich die Ruhe selbst sind. Gerne erinnere ich mich hier an eine Situation zurück, mit einem später sehr liebgewonnen Kollegen. Der zu dem Zeitpunkt noch potenzielle Kandidat für eine Sales-Stelle war während der Begrüßung ein bisschen drüber, doch ich erkannte die Nervosität. „Machen Sie sich keine Sorgen", sagte ich mit einem beruhigenden Lächeln. „Wir sind hier, damit wir uns gegenseitig kennenlernen." Der Kandidat entspannte sich sichtlich, und das Gespräch verlief viel natürlicher. Im Nachgang bedankte er sich sogar für die unterstützende Atmosphäre.

In einem anderen Fall begegnete ich einer zurückhaltenden Mitarbeiterin, die im Team immer distanziert wirkte. Statt sie direkt darauf anzusprechen, beobachtete ich ihre Körpersprache und erkannte, dass hinter ihrer Verschlossenheit ein Bedürfnis nach „Gesehenwerden" steckte. „Hey, ist alles in Ordnung?", fragte ich sie dann schließlich. „Du wirkst in letzter Zeit ein wenig zurückhaltend. Brauchst du Unterstützung bei irgendetwas?" Ihre Schultern entspannten sich, als wäre sie erleichtert darüber, dass jemand ihre Gefühle erkannte. Wir hatten ein offenes Gespräch, und ich konnte ihr die Unterstützung und Ermutigung bieten, die sie brauchte, um sich wieder stärker ins Team zu integrieren.

Natürlich bin ich mit meiner Interpretation von Körpersprache auch schon mal auf die Nase gefallen. Das will ich nicht verheimlich. Allerdings hilft mir das Wissen in 9 von 10 Fällen immer weiter.

Coaching der Führungsebene

7

7.1 Wie Coaching-Methoden die Zusammenarbeit mit Führungskräften positiv beeinflussen

In der heutigen dynamischen und komplexen Arbeitswelt stehen natürlich auch Führungskräfte vor einer Vielzahl von Herausforderungen, die ihre Leistungsfähigkeit und ihr Wohlbefinden beeinflussen können. In diesem Kontext nehmen wir HR-Professionals ebenso eine entscheidende Rolle bei der Unterstützung und Entwicklung von ihnen ein, wie bei deren Mitarbeiterinnen. Doch wie genau beeinflussen die Anwendungen von Coaching-Methoden die Zusammenarbeit mit Führungskräften positiv?

Erstens ermöglichen Coaching-Methoden eine personalisierte Unterstützung für Führungskräfte. Jede Führungskraft hat ihre eigenen Stärken, Schwächen und Entwicklungsbereiche. Durch den Einsatz von Coaching-Techniken können HR-Verantwortliche individuell auf die Bedürfnisse und Ziele jeder Führungskraft eingehen. Indem ein sicherer Raum für Reflexion und Feedback geschaffen wird, wird die Führungskraft dabei unterstützt ihre Fähigkeiten und Kompetenzen weiterzuentwickeln und ihre Leistung zu steigern. Beispielsweise kann es vorkommen, dass eine neuen Managerin Schwierigkeiten hat, sich in ihrer Rolle einzufinden. Anstatt sie allein zu lassen, können HR-Professionals sie durch gezielte Coaching-Methoden unterstützen. Sei es durch die Anwendung dieser oder auch durch das Teilen von Wissen in dem Bereich. Eine Maßnahme könnte sein, die Führungsstärken zu identifizieren, einen Aktionsplan zur Weiterentwicklung zu erstellen und die Managerin bei der Umsetzung zu begleiten. Durch diese individuelle Unterstützung können neue Führungskräfte schneller und effektiver in ihre Rolle hineinwachsen und zum Erfolg des Teams und des Unternehmens beitragen.

Außerdem fördern Coaching-Methoden eine offene und vertrauensvolle Kommunikation zwischen Führungskräften und der HR-Abteilung. Oftmals zögern Führungskräfte aufgrund ihres hohen Verantwortungsbereichs und der Hierarchie im Unternehmen,

Schwächen oder Herausforderungen zuzugeben. Durch den Einsatz von Coaching-Techniken schaffen HR-Professionals eine unterstützende Umgebung, in der Führungskräfte offen über ihre Probleme sprechen können, ohne Angst vor negativen Konsequenzen zu haben. So wird nicht nur eine Kultur der Offenheit und Ehrlichkeit gefördert, sondern es ermöglicht auch HR-Mitarbeiterinnen, besser auf die Bedürfnisse der Führungskräfte einzugehen und maßgeschneiderte Unterstützung anzubieten. Ein Beispiel für die Förderung offener Kommunikation ist eine Situation, in der eine Führungskraft Probleme bei der Delegation von Aufgaben hat, sich jedoch aus Angst vor einem negativen Feedback nicht öffnet. Praktizieren HR-Professionals aktives Zuhören praktizieren und bieten wertschätzendes Feedback, ermutigen sie die Führungskraft, ihre Bedenken zu äußern und gemeinsam nach Lösungen zu suchen, um ihre Delegationsfähigkeiten zu verbessern. Es ist ein wahrer Butterfly-Effekt[1].

HR-Expertinnen, die Coaching-Methoden anwenden, können Führungskräften helfen, Konflikte zu bewältigen und schwierige Situationen souverän zu meistern. So können sie beispielsweise Werkzeuge und Techniken bieten, um Konflikte konstruktiv anzugehen und umzuleiten, was die Teamdynamik und die Zusammenarbeit insgesamt verbessert.

Auch die Auswirkungen auf das Engagement und die Motivation der Führungskräfte sollte man nicht unterschätzen. Indem HR-Verantwortliche Führungskräften dabei helfen, ihre beruflichen Ziele und persönlichen Werte zu identifizieren und mit den Zielen des Unternehmens in Einklang zu bringen, können sie das Engagement und die Motivation der Führungskräfte stärken. Studien haben gezeigt, dass engagierte und motivierte Führungskräfte eine wesentliche Rolle für den Erfolg eines Unternehmens spielen, da sie ihre Teams inspirieren, herausfordern und unterstützen können.

Zusätzlich unterstützen Coaching-Methoden die Führungskräfte dabei, sich kontinuierlich weiterzuentwickeln und zu wachsen. In einer sich ständig verändernden Unternehmenswelt ist es für Führungskräfte entscheidend, sich kontinuierlich weiterzubilden und neue Fähigkeiten zu erlernen, um mit den Anforderungen Schritt zu halten. Durch den Einsatz von Coaching-Techniken können HR-Expertinnen Führungskräfte dabei unterstützen, einen proaktiven Ansatz für ihre berufliche Entwicklung zu verfolgen.

Ein effektiver Einsatz von Coaching-Methoden ermöglicht es HR-Verantwortlichen auch, gemeinsam mit den Führungskräften, klare und erreichbare Ziele zu setzen. Die realistischen Ziele können nicht nur die individuelle Entwicklung der Führungskräfte fördern, sondern auch die Gesamtleistung des Teams, der Abteilung und/oder des ganzen Unternehmens steigern. Unterstützen HR-Expertinnen bei der Entwicklung eines strategischen Plans und geben regelmäßiges Feedback, können sie sicherstellen, dass die Ziele konsequent verfolgt werden.

Insgesamt tragen die verschiedenen Ansätze, die Coaching-Methoden bieten, dazu bei, eine umfassende, unterstützende und effektive Beziehung zwischen HR-Professionals und

---

[1] Der Butterfly-Effekt ist eine Metapher, die das Phänomen beschreibt, dass die kleinsten Ereignisse oder Entscheidungen große Auswirkungen auf zukünftige Gegebenheiten haben können.

Führungskräften aufzubauen. Indem sie auf individuelle Bedürfnisse eingehen, die Kommunikation stärken, strategische Ziele setzen, die persönliche Entwicklung fördern, Konflikte bewältigen bzw. dabei unterstützen und eine kontinuierliche Leistungsverbesserung ermöglichen, können Sie, als HR-Expertin, einen wesentlichen Beitrag zur Effektivität und positiven Arbeitsumgebung des Unternehmens und der Unternehmenskultur leisten.

7.2 Was hat sich nach meiner Coaching-Ausbildung in der Zusammenarbeit verändert?

Als Personalerin habe ich in meiner beruflichen Laufbahn zahlreiche Stationen durchlaufen, sowohl im Angestelltenverhältnis als auch in der Selbstständigkeit. In dieser Zeit habe ich die immense Bedeutung einer effektiven Zusammenarbeit mit Führungskräften immer wieder hautnah erlebt. Doch erst durch meine Coaching-Ausbildung eröffneten sich mir neue Perspektiven und Methoden, die nicht nur meine Arbeitsweise veränderten, sondern auch meine Erfolgsbilanz nachhaltig verbesserten.

Die Entscheidung, eine Coaching-Ausbildung zu absolvieren, war für mich eine bewusste Investition in meine persönliche und berufliche Entwicklung. Ich entschied mich für diesen Schritt, um mein Repertoire an Werkzeugen und Methoden zu erweitern und meine Fähigkeiten im Umgang mit Führungskräften und Mitarbeiterinnen zu vertiefen. Rückblickend kann ich sagen, dass das bis jetzt eine der besten Entscheidungen auf meinem beruflichen Weg war.

Die erlernten Coaching-Methoden haben nicht nur meine Kommunikationsfähigkeiten auf eine neue Ebene gehoben, sondern auch meine Empathie und mein Verständnis für die Bedürfnisse und Herausforderungen von den Teammitgliedern gestärkt. Durch gezieltes Fragen und aktives Zuhören gelingt es mir nun, tiefergehende Einsichten zu gewinnen und individuelle Lösungsansätze zu entwickeln, die den Bedürfnissen der Mitarbeiterinnen gerecht werden.

Ein zentraler Aspekt meiner Coaching-Ausbildung war die Fokussierung auf lösungsorientierte Ansätze. Statt Probleme zu analysieren und zu betonen, lag der Schwerpunkt darauf, den Blick auf konstruktive Lösungen zu legen und Maßnahmenpläne zu erstellen. So die Herausforderungen anzugehen, erweist sich immer wieder als äußerst wirkungsvoll, da sie gerade Führungskräften dabei hilft, ihre Herausforderungen zu überwinden und ihr volles Potenzial auszuschöpfen.

Ein weiterer wichtiger Bestandteil meiner Ausbildung war die Entwicklung von Coaching-Fähigkeiten zur Förderung von Selbstreflexion und Selbstbewusstsein bei den Führungskräften. Indem ich einen sicheren Raum für offene Gespräche schaffe und unterstützende Fragen stelle, ermögliche ich es auch den Führungskräften, ihre eigenen Stärken und Schwächen zu erkennen und ihre persönliche und berufliche Entwicklung gezielt voranzutreiben.

Die positiven Auswirkungen meiner Coaching-Ausbildung auf die Zusammenarbeit mit Führungskräften sind in verschiedenen Bereichen meiner beruflichen Tätigkeit spürbar. Im Rahmen meiner Rolle als HR-Managerin konnte ich Führungskräfte dabei unterstützen, ihre Führungskompetenzen zu stärken, Konflikte zu lösen und Teamdynamiken zu verbessern. Darüber hinaus habe ich als Coachin in meiner selbstständigen Tätigkeit Führungskräfte dabei begleitet, ihre beruflichen Ziele zu definieren und effektive Strategien zur Erreichung der persönlichen Ziele zu entwickeln.

Doch der größte Erfolg meiner Coaching-Ausbildung liegt nicht nur in den konkreten Ergebnissen, sondern auch in den langfristigen Learnings, die ich daraus ziehe. Ich habe gelernt, dass effektive Führung nicht nur von Fachkenntnissen und Erfahrung abhängt, sondern auch von zwischenmenschlichen Fähigkeiten wie Empathie, Kommunikation und Selbstreflexion. Durch meine Erfahrungen als Coachin habe ich erkannt, dass jeder Mensch das Potenzial hat, sich weiterzuentwickeln und zu wachsen und dass es eine Freude ist, diesen Prozess zu begleiten und zu unterstützen.

Insgesamt hat meine Coaching-Ausbildung meine Arbeitsweise als HR-Expertin nachhaltig verändert und meine Fähigkeit gestärkt, einen positiven Einfluss auf die Führungskräfte in meinem beruflichen Umfeld auszuüben. Durch die gezielte Anwendung von Coaching-Tools trage ich nicht nur zur persönlichen Entwicklung der Führungskräfte bei, sondern auch zur Steigerung der Effektivität und Leistungsfähigkeit ihrer Teams und der Mitglieder.

Da nicht jeder die Zeit, das Budget oder auch die Lust hat, eine Coaching-Ausbildung zu absolvieren, aber von den Tools profitieren möchte (was völlig ok ist), kann man sich mit gezielten Seminaren oder eben Lektüre, wie dieser, in dem Bereich weiterbilden.

8 Tipps zur erfolgreichen Nutzung des Werkzeugkoffers

Sie haben auf den gelesenen Seiten sehr viel über Coaching, mögliche Methoden für Ihr daily business und die positiven Auswirkungen auf den Arbeitsalltag gelernt. Sie halten einen prall gefüllten Werkzeugkoffer in der Hand und nun gilt es, das Gelernte auch umzusetzen. Doch, ich spreche aus eigener Erfahrung, zu Beginn kann es sein, dass man sich unsicher fühlt oder vielleicht etwas merkwürdig vorkommt, die gelernten Methoden und/oder Impulse anzuwenden. Deshalb ist es wichtig, den Prozess behutsam anzugehen und sich schrittweise zu steigern.

Um diesen Prozess für Sie etwas angenehmer zu gestalten, habe ich einige Tipps zusammengeschrieben, um Ihnen den Einstieg zu erleichtern:

1. **Selbstreflexion:** Beginnen Sie damit, sich selbst zu reflektieren und Ihre eigenen Stärken und Entwicklungsbereiche zu identifizieren. Überlegen Sie, welche Coaching-Techniken am besten zu Ihrer Persönlichkeit, Ihrem Kommunikationsstil und Ihrer Arbeitsumgebung passen.
2. **Kleinschrittig beginnen:** Starten Sie mit kleinen Schritten und setzen Sie sich realistische Ziele (Stichwort: SMARTe). Beginnen Sie beispielsweise damit, aktiv zuzuhören und offene Fragen zu stellen, um ein besseres Verständnis für die Bedürfnisse der Mitarbeiterinnen zu entwickeln.
3. **Training und Weiterbildung:** Investieren Sie Zeit und Ressourcen auch in Training und Weiterbildung, um Ihre Coaching-Fähigkeiten zu verbessern. Nehmen Sie an Schulungen, Workshops oder Onlineseminare teil, die Ihnen helfen, neue Techniken zu erlernen und vorhandenes Wissen zu vertiefen.
4. **Feedback einholen:** Bitten Sie um Feedback von vertrauten Kolleginnen, um Ihre Fähigkeiten zu evaluieren und konstruktive Verbesserungsvorschläge zu erhalten.

5. **Kollegiale Unterstützung suchen:** Suchen Sie sich Unterstützung und Austausch mit anderen HR-Expertinnen oder Kolleginnen, die ebenfalls Coaching-Methoden anwenden. Teilen Sie Ihre Erfahrungen, Herausforderungen und Erfolge miteinander und lernen Sie voneinander. Ich möchte hier nochmal an den Impuls „Peer Coaching" erinnern.
6. **Selbstvertrauen aufbauen:** Arbeiten Sie kontinuierlich an Ihrem Selbstvertrauen und Ihrer Selbstsicherheit. Erinnern Sie sich daran, dass es völlig normal ist, sich am Anfang unsicher zu fühlen, und dass Sie mit der Zeit und Übung sicherer werden.
7. **Authentisch bleiben:** Bleiben Sie authentisch und bleiben Sie sich selbst treu. Versuchen Sie nicht, jemand anderes zu sein oder eine Rolle zu spielen. Seien Sie offen, ehrlich und einfühlsam in Ihrer Kommunikation mit den Mitarbeiterinnen.
8. **Fehler als Lernmöglichkeit betrachten:** Sehen Sie Fehler als Lernmöglichkeit und nicht als Scheitern. Akzeptieren Sie, dass es normal ist, Fehler zu machen, und nutzen Sie sie als Gelegenheit, um zu wachsen und sich weiterzuentwickeln.

Machen Sie sich keinen Druck und gehen Sie die Umsetzung sukzessive an, denn, wie unsere Großeltern schon sagten: „Übung macht die Meisterin.".

Ich will ehrlich zu Ihnen sein, natürlich kann es zu Rückschlägen kommen oder unangenehmen Situation und das ist auch völlig ok. Von Vorteil ist es, wenn Sie dafür gewappnet sind. Hilfreich ist es dabei gelassen zu bleiben. Gelassenheit inmitten von Rückschlägen ist eine Fähigkeit, die mit Übung und einer positiven Einstellung (Vorsicht: keine toxic positivity, bitte!) entwickelt werden kann.

Gehen Sie in den Perspektivenwechsel und fragen Sie sich, was Sie aus der Situation für Learnings mitnehmen können. Versuchen Sie die vermeintlichen Rückschläge als Chancen für persönliches Wachstum und als Teil des eignen Entwicklungsprozesses zu sehen. Reflektieren und lernen Sie. Fragen Sie sich, was schiefgelaufen ist und was Sie daraus mitnehmen können. Jeder Misserfolg enthält wertvolle Lektionen, die Ihnen dabei helfen können, es beim nächsten Mal besser zu machen.

Akzeptieren Sie Ihre Gefühle. Es ist völlig ok und normal, enttäuscht, frustriert oder traurig zu sein, wenn etwas nicht funktioniert. Erlauben Sie sich, diese Gefühle zu spüren und sie anzuerkennen. Sie dürfen ruhig nachsichtig mit sich sein und sich selbst gegenüber Mitgefühl praktizieren, denn jeder (!) Mensch erlebt Rückschläge. Akzeptieren Sie, dass es normal ist, nicht immer erfolgreich zu sein und fokussieren Sie sich auf Ihre Stärken und auch die Erfolge, die Sie mit Ihrem neuen Wissen bereits erreicht haben.

Handlungsorientierung ist in diesem Zusammenhang auch immer eine gute Idee. Identifizieren Sie für sich persönlich konkrete Schritte, die Sie unternehmen können, um die Situation zu verbessern oder beim nächsten Mal anders ausgehen zu lassen. Setzen Sie sich klare Ziele und arbeiten Sie daran, anstatt sich von negativen Gefühlen überwältigen zu lassen und den Mut zu verlieren. Focus on the good things!

Schlusswort

Als HR-Professional habe ich im Laufe meiner Karriere viele Höhen und Tiefen erlebt. In einer Welt, die sich ständig verändert und in der die Bedürfnisse der Mitarbeiterinnen und des Unternehmens deshalb auch oft im Wandel sind, ist es eine ständige Herausforderung, den richtigen Weg zu finden. Doch durch die Anwendung von Coaching-Methoden habe ich gelernt, dass es nicht immer darum geht, alle Antworten zu haben, sondern vielmehr darum, die richtigen Fragen zu stellen und den Menschen dabei zu helfen, ihre eigenen Lösungen zu finden.

Ich habe festgestellt, dass Coaching-Methoden einen erheblichen Mehrwert für unseren Arbeitsalltag als HR-Professionals bieten können. Wenden wir die Prinzipien des Coachings an, können wir eine unterstützende und förderliche Umgebung schaffen, in der sich Mitarbeiterinnen weiterentwickeln und ihr volles Potenzial entfalten können. Dabei müssen wir uns nicht unbedingt als Coaches ausgeben, sondern können diese Methoden subtil in unsere tägliche Arbeit integrieren. Natürlich sind Coaching-Methoden nicht „the holy grail" und an manchen Stellen vielleicht unpassend, oft ist der Einsatz allerdings kraft- und wirkungsvoll.

Das aktive zu bzw. hinhören und an manchen Stellen auch der Humor, den wir in unsere Interaktionen einbringen, machen einen großen Unterschied. Durch empathisches Zuhören und das Stellen gezielter Fragen können wir die Bedürfnisse und Herausforderungen unserer Kolleginnen besser verstehen und entsprechend darauf eingehen. Ein freundliches Lächeln kann Wunder bewirken und Empathie kann ungeahnte Türen öffnen.

Auch die Impulse für einen achtsameren Umgang mit sich selbst im Arbeitsalltag und die vorgestellten HR-Initiativen können eine positive Auswirkung auf Ihre eigene Arbeit und Motivation sein. Letztere bei sich selbst aufrecht zu erhalten, ist im Übrigen genauso wichtig, wie sie bei den Mitarbeiterinnen zu bewahren.

Deshalb möchte ich Sie ermutigen, die Tools aus diesem Werkzeugkoffer in Ihrer eigenen HR-Arbeit anzuwenden. Seien Sie aufmerksam, seien Sie einfühlsam und bringen Sie eine Prise Humor mit ein, wo es angebracht ist. Ihre Fähigkeit, eine unterstützende und förderliche Umgebung zu schaffen, kann einen enormen Einfluss auf das Wohlbefinden und die Leistungsfähigkeit der Teammitglieder und auch auf sich selbst haben.

Der kurze Ausflug in die Körpersprache hat Ihnen gefallen? Dann kann ich Ihnen nur empfehlen, sich damit noch intensiver auseinanderzusetzen. HR ist so viel mehr als Richtlinien und Verwaltung. Wie im ersten Kapitel geschrieben: Wir sind Strateginnen, Kulturarchitektinnen, Partnerinnen und der Klebstoff der Unternehmen. Für diese Rollen ist Wissen das stärkste Fundament, auf das Sie bauen können.

Lassen Sie aber auch nicht alles auf Ihre Schulten laden. Hier möchte ich nochmal auf das Thema Kultur eingehen. Immer mehr Unternehmen nennen die Personalabteilung in „People & Culture" um, was ein ungewolltes Silodenken hervorrufen kann. Mir persönlich ist es wichtig zu beachten, dass Kultur nicht ausschließlich durch HR-Initiativen geprägt wird, sondern auch (und in erster Linie) durch das Verhalten und die Entscheidungen der Führungskräfte sowie durch die Interaktionen zwischen den Mitarbeiterinnen in den verschiedenen Abteilungen und Teams. Dieses große Thema Kultur gehört in der Verantwortlichkeit nicht allein HR.

In einer Welt, die zunehmend von Digitalisierung und Automatisierung geprägt ist, sind es oft die zwischenmenschlichen Beziehungen, die den entscheidenden Unterschied ausmachen.

Ich möchte mit einem Gedankenimpuls enden: HR ist eine Konstante im Wandel. #mindsetshift.

Und Sie sind ein Teil davon. Ist das nicht motivierend?

Literatur

Arp, R. (Hrsg.). (2014). *1001 Ideen, die unser Denken beeinflussen*. Edition Olms.

Bacon, F. (1762). *Novum organum scientiarum* (A. Tosi, Hrsg.; Editio prima veneta). Typis G. Girardi.

Baatz, U. (2023). *Achtsamkeit. Der Boom – Hintergründe, Perspektiven, Praktiken*. Vandenhoeck & Ruprecht.

Backhaus, W., & Thommen, J. (2006). *Coaching: Durch systemisches Denken zu innovativer Personalentwicklung* (3. Aufl.). Gabler.

Riordan, C. M. (2019, 27. November). Three ways leaders can listen with more empathy. Harvard Business Review. https://hbr.org/2014/01/three-ways-leaders-can-listen-with-more-empathy. Zugegriffen: 22. Dez. 2023.

Bungay Stanier, M. (2018). *The coaching habit*. Vahlen.

Collard, P. (2016). *Das kleine Buch vom achtsamen Leben* (16. Aufl.). Penguin Random House Verlagsgruppe.

Doran, G. T. (1981). *There's a S.M.A.R.T. way to write management's goals and objectives*.

De Shazer, S., & Berg, I. K. (2008). *Das lösungsfokussierte Denken*. Verlag Modernes Lernen.

Duden.de. (2023, 13. April). Empathie. Duden. https://www.duden.de/node/39860/revision/1371321. Zugegriffen: 09.04.2024

Ellis, A., & McLaren, C. (2014). *Rational-Emotive Verhaltenstherapie*. Junfermann Verlag.

Faecke, N. (2021, 22. Juni). Toxic positivity: Nie wieder #goodvibesonly. ZEIT ONLINE. https://www.zeit.de/hamburg/2021-06/toxic-positivity-die-happiness-luege-anna-maas-positives-denken/. Zugegriffen: 7. Apr. 2024.

Cirillo, F. (2013). *The Pomodoro Technique*. (3. Aufl.) FC Garage.

Goleman, D. (2006). *Social intelligence: The new science of human relationships*. Bantam.

Habermacher, A., Peters, T., & Ghadiri, A. (2014). Das Gehirn, Entscheidungen und Unconscious Bias. *Vielfalt erkennen – Strategien für einen sensiblen Umgang mit unbewussten Vorurteilen*. Charta der Vielfalt e.V.

Hammel, S. (2009). *Handbuch des therapeutischen Erzählens*. Klett-Cotta.

Hamberd, B. A., & Lord, R. G. (2010). *Empathy in leadership: Appropriate or misplaced*. Academy of Management Learning & Education.

Heimsoeth, A. (2023). *Mentale Gesundheit: Wie wir entspannt unsere Leistungsfähigkeit erhalten* (1. Aufl.). C.H.Beck.

Hein, M. (2018). *Empathie (eBook)* (1. Aufl.). GABAL Verlag GmbH.

Humberd, B. A., & Lord, R. G. (2010). *Empathy in leadership: Appropriate or misplaced*. Academy of Management Learning & Education.

Kabat-Zinn, J. (2013). *Achtsamkeit für Anfänger* (1. Aufl.). Arbor-Verlag.

Kahneman, D. (2011). *Schnelles Denken, Langsames Denken*. Siedler Verlag.
König, E., Volmer, G., & König, M. (2020). *Mini-Handbuch Systemisches Coaching* (1. Aufl.). Beltz.
Krznaric, R. (2015). *Empathy: Why it matters, and how to get it.* Penguin Publishing Group, Reprint Edition.
Kuipers, J., Tiggelaar, B., & Covey, S. R. (2020). *Die 7 Wege zur Effektivität*. Gabal.
Künzli, H. (2009). Wirksamkeitsforschung im Führungskräfte-Coaching. *Organisationsberatung, Supervision, Coaching, 16*(1), 4–18. https://doi.org/10.1007/s11613-009-0116-x//Zugegriffen: 23.04.2024.
Leimon, A., & McMahon, G. (2011). *Positive Psychologie für Dummies* (1. Aufl.). WILEY-VCH.
Lencioni, P. (2019). *5 Dysfunktionen eines Teams überwinden: Ein Wegweiser für die Praxis* (1. Aufl.). Wiley-VHC.
Maas, A. (2021). *Die Happiness-Lüge* (1. Aufl.). Eden Books (ein Verlag der Edel Verlagsgruppe).
Maslow, A. H. (1943). *A theory of human motivation* Psychological Review. 50 (4): 370–396. CiteSeerX 10.1.1.334.7586. doi:https://doi.org/10.1037/h0054346. hdl:10983/23610. Archived from the original on September 14, 2017. Retrieved March 13, 2007 – via psychclassics.yorku.ca.
Maslow, A. H. (1981). *Motivation und Persönlichkeit* (12. Aufl.). Rowohlt.
Fryer, B. (2014, 1. August). Storytelling that moves people. Harvard Business Review. https://hbr.org/2003/06/storytelling-that-moves-people. Zugegriffen: 12. Jan. 2024.
Miedaner, T. (2015). *Coach dich selbst sonst coacht dich keiner* (16. Aufl.). Mvg Verlag.
Müllner, E. (2023). *I know I can* (1. Aufl.). Rowohlt Taschenbuch.
Nöllke, M. (2015). *Kreativitätstechniken* (7. Aufl.). Haufe.
Osborn, A. F. (1953). *Applied Imagination: Principles and Procedures of Creative Problem-Solving.* Charles Scribner's Sons.
Pareto, V. (1964). *Cours d'Économie Politique: Nouvelle édition par G.-H. Bousquet et G.* Librairie Droz.
Partzek, A. (2017). *Systemische Fragen* (2. Aufl.). Springer Gabler.
Quadriga Hochschule. (2021). *Coaching für Führungskräfte: Wirksamkeit und Verbreitung im Unternehmen.*
Rauen, C. (Hrsg.). (2005). *Handbuch Coaching* (3. Aufl.). Hogrefe Verlag GmbH & Co. KG.
Rosenberg, M. B. (2007). *Gewaltfreie Kommunikation: Eine Sprache des Lebens*. Junfermann Verlag.
Schulz von Thun, F. (1981). *Miteinander reden 1: Störungen und Klärungen* (55. Aufl.). Rowohlt.
Sentürk, J. (2012a). *Schulterblick und Stöckelschuh*. Springer Gabler.
Sentürk, J. (2012b). *Wie ich sehe, was du fühlst*. Piper Verlag GmbH.
Theeboom, T., Beersma, B., & van Vianen, A. E. (2014). Does coaching work? A meta-analysis on the effects of coaching on individual level outcomes in an organizational context. *In The Journal of Positive Psychology, 9*(1), 1–18. https://doi.org/10.1080/17439760.2013.837499.
Theeboom, T., Beersma, B., & van Vianen, A. E. (2013). *Does coaching work? A meta-analysis on the effects of coaching on individual level outcomes in an organizational context.* A summary for the International Coach Federation.
The Conference Board. (2021). Global Executive Coaching Survey 2021 (Chart Book). (o. D.).. https://www.conference-board.org/topics/executive-coaching/global-executive-coaching-survey-2021-chart-bookThe International Journal of Coaching in Organizations (IJCO) (2007).
Whitmore, J. (2015). *Coaching for performance*. Junfermann.
Willkomm, D. (2021). *Roadmap durch die VUCA-Welt: Für Führungskräfte, Scrum Master und Agile Coaches* (1. Aufl.). Konstanz: UVK.

MIX
Papier aus verantwortungsvollen Quellen
Paper from responsible sources
FSC® C105338

If you have any concerns about our products,
you can contact us on
ProductSafety@springernature.com

In case Publisher is established outside the EU,
the EU authorized representative is:
Springer Nature Customer Service Center GmbH
Europaplatz 3, 69115 Heidelberg, Germany

Printed by Libri Plureos GmbH
in Hamburg, Germany